NOBILITY OF SPIRIT

정신의 고귀함

Nobility of
Spirit

A Forgotten Ideal

망각된 이상

정신의
고귀함

롭 리멘 지음   이성민 옮김

오월의봄

일러두기

1. 본문의 주는 모두 옮긴이가 붙인 것이다.
2. 대화체 번역에서 한국어 높임법을 사용하지 않았다.

이 세상 일들이 어떻게 돌아가는지 진심으로 이해하고 싶다면 적어도 한 번은 죽어야만 하겠지. 그러니까 법칙이 이렇다면야, 젊어서 죽어보는 게 더 좋다는 거다. 일어나서 부활할 시간이 아직 눈앞에 많이 남아 있을 때 말이다.

—조르조 바사니,《핀치콘티니가의 정원》*

나의 생명, 나의 사랑
크리스텐

나의 천사
리제테

인생의 친구
마그리에트를 위해

★ 이현경 옮김, 문학동네, 2016, 351쪽.

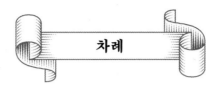

차례

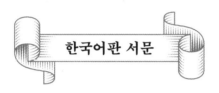

한국어판 서문

약 2,000년 전, 로마의 시인 오비디우스는 아우구스투스 황제에 의해 추방을 당했을 때, 시 편지로 이루어진 《비가》라는 제목의 책을 출간하는데 그 첫 부분은 이렇다. "작은 책이여, 나 없이 가거라…… 가서, 책이여, 소중한 장소들을 나의 말들로 맞이하거라." 이제는 10년도 더 전에 내가 첫 책《정신의 고귀함: 망간된 이상》첫 인쇄본을 손에 쥐었을 때 나에게 소중했던 말들. 이 책은 어디로 가게 될까? 이 책은 어디서 독자들을 발견하게 될까? 예측은 불가능한데, 책들은 자신만의 운명과 자신만의 삶을 갖기 때문이다. 이제 10년이 지나고, 나는 이 책이 세계 거의 모든 곳에서 삶을 찾은 것을 안다. 이 책은 스페인에서 그 삶을 시작했고 그런 다음 멕시코로 여행을 했다. 국경선을 넘어 미국으로 갔고, 그런 다음 다시 유럽의 더 많은 나라들로 갔다. 그곳에서 다시 대서양을 가로질러 브라질로 갔으며, 계속 이동하여 러시아로, 러시아에서 이스라엘로, 이스라엘에서 중국으로, 중국에서 아랍 세계로, 그리고 이제 다시 아시아로, 한국으로…… 그리고 그곳에서 어디로? 미래가 말해줄 테지. 하지만 현재의 시간이 말해주는 것이 있다. 즉 《정신의 고귀함》이 세계의 그토록 많은 곳에서 이미 환영을 받았기에, 이 책의 주인공들이 과거 유럽인이라는 사실에도 불구하고 그들의 질문, 그들의 관심, 그들의 투쟁과 그들이 싸우며 옹호하고 있는 가치들이 보편적일 뿐 아니라 시간이 지나면서 저자인 나와 이 책의 모든 독자들에게 더 긴급한 것이 되었다는 것을 말해준다. 이 **정신의 고귀함**은 **민주주의 정신**의 본질이니까—그리고 세계 전역에서 이 정신이 다시 공격을 받고 있으니까. 왜? 무슨 일이 일어나고 있는가? 왜 우리는 온갖 가면을 한 파시즘의 검은 정신의 회귀를 보는 것이며, 왜 민주주의 정신이 공격을 받고 있으며, 왜 우리는 정신의 고귀함을 회복해야 하는 것인가?

이 책이 이제 내가 살면서 책을 쓰고 있는 세계의 저 다른 쪽, 한국의 해안에 이르렀기에, 이 질문들에 답하려는 노력을 해보려고 한다.

* * *

조지 오웰은 스페인 내전에 전사로 참여한 시간을 다룬 고전적 회고록 《카탈로니아 찬가》를 시작하면서 이런 고백을 한다.

> 나는 스페인에 처음 왔을 때, 그리고 그 후 얼마 동안도, 정치적 상황에는 관심이 없었을 뿐만 아니라 알지도 못했다. 전쟁이 벌어지고 있다는 것만 알았지, 어떤 종류의 전쟁인지도 몰랐다. 그런데도 왜 의용군에 입대했느냐고 묻는다면 나는 '파시즘과 싸우기 위해서'라고 대답했을 것이다. 무엇을 **위하여** 싸우느냐고 묻는다면 '공동의 품위를 위해서'라고 대답했을 것이다.[*]

나는 오웰에게 전적으로 동의한다. 파시즘은 공동의 품위의 반대, 적이다. 하지만 그렇다고는 해도, 아무도 무시할 수 없는 핵심 질문은 이렇다. 그 당시에 **그리고 지금** 수백만의 사람들이 공동의 품위보다는 파시즘적 사고방

---

[*] 조지 오웰, 《카탈로니아 찬가》, 정영목 옮김, 민음사, 2001, 66쪽.

식을 선호하는 것은 어째서인가? 왜일까? 파시즘 안에는 그토록 많은 사람들이 공동의 품위를 함양하는 일을 그토록 손쉽게 단념하거나 망각할 수 있을 만큼 유혹적인 무엇이 있는 것일까?

얼마 전 네덜란드 보수당 청년운동이 조직한 '민주주의와 문화'에 패널로 참여해달라는 초대를 받았을 때, 나는 이 질문에 대한 대답의 단서를 얻었다. 보수당은 지난 10년 동안, 그리고 2019년 현재까지 집권당이다. 현 수상은 보수당을 대표하며 대부분의 청년 당원은 사업가나 변호사나 실로 정치가로서 직업에서 성공하기를 열망한다.

패널에서 내 역할은 민주주의 문명을 위한 예술의 중요성에 대해 무언가를 말하는 것이었다. 하지만 내가 마이크를 잡기도 전에, 한 청년이 앞으로 나와 다음과 같은 선언을 했다. 그는—앞줄에 앉아 있던—수상에게 예술이나 예술교육에 단 1유로도 더 이상 보조금으로 지출되지 않도록 확실히 해달라고 촉구했다. "모든 예술과 저 문화적인 것들은, 성공적이라면, 팔리겠지. 그리고 사람들이 원하는 게 아니라면, 음, 그렇다면 쓸모없는 것이고, 따라서 지원해줄 필요가 전혀 없다!"

그는 그토록 용감하게 이 정직하고 직설적인 선언을 했기에 청중에게서 큰 박수를 받았다—여러분은 그가 그

들의 지지를 확신하고 있었다는 것을 감지할 수 있을 것
이다. 응답할 기회가 주어져 나는 이렇게 말했다. "너희들
모두가 그렇게 생각한다면, 나는 예술과 인문학이 왜 중
요한지 변명하느라 너희들과 나의 시간을 허비하지 않겠
어. 하지만 너한테 정말 질문이 있어. '유용하지' 않기 때
문에 예술에 대한, 심지어 예술교육에 대한 지원에 반대
한다고 이해하면 정확한 거지?"

 - 응!

 - 좋아. 하지만 모든 것이 유용해야만 한다는 게 왜 너
한테는 그렇게 중요한 거지?

그는 내 질문에 놀랐다. 하지만 몇 초의 침묵이 흐른 후
그는 말했다. "음, 유용하지 않다면, 물론 실제로 중요하지
않은 거지."

 - 그냥 네 말을 정확히 이해했는지 확인하려는 거야.
유용한 것만 중요해?

 - 응, 물론!

 - 그렇다면 이렇게 질문해볼게. '너에게는 중요한 타인,
인생의 위대한 사랑이 있어?'

 - 물론, 저기 있어!—그리고 그는 청중 가운데 있는 예
쁜 여자를 가리켰다.

 - 좋아, 축하해. 이제 내 호기심을 용서해줘. 너희 두 명

은 어쩌면 결혼을 해서 아이를 가질 계획이 있어?

－응. 왜? 그래서 뭐?

－음, 그냥 너한테 **유용하기** 때문에 여자 친구와 결혼을 해서 아이를 가지려는 건지 궁금한 거야. 왜냐하면 그렇지 않다면, 너의 설명에 따르면, 그녀와의 관계, 아이와의 관계는 너한테 실제로 중요하지 않은 것이니까……

그다지 유쾌하지 않은 이 말 교환은 시인이자 괴테의 위대한 친구 프리드리히 실러가 18세기 말(1795년)《인간의 미적 교육에 관한 편지》의 두 번째 편지에서 이미 다음과 같이 말했을 때 얼마나 옳았는지를 보여주는 명확한 예증이다: "유용성은 사람들이 모든 힘과 재능을 바쳐야 할 가장 큰 우상이다."[*]

몇 십 년 뒤에, 알렉시스 드 토크빌은 유용성에 주어진 우선성이 민주적 사고방식의 전형적 특징이라는 데 주목을 하는데, 이 사고방식은 실천적, 물질적, 과학적이고, 현재와 미래 지향적이다. 이러한 좌표에 기반을 둔 패러다임을 갖게 되면, 우리가 유한한 수명을 고려하여 어떤 선

---

[*] 프리드리히 실러,《프리드리히 실러의 미적 교육론》, 하선규 외 옮기고 씀, 대화문화아카데미, 2015, 35쪽.

택을 할 것인지 자문할 때 우리의 내부 나침반이 가장 유용한 것 쪽으로 방향을 알려줄 거라는 것은 거의 불가피한 일이다!

너의 직업의 선택: 무엇이 가장 유용하지?

그 직업을 위한 교육의 선택: 무엇이 가장 유용하지?

힘든 노동을 통해 번 너의 돈을 현명하게 소비할 선택: 일반적으로 무엇이 가장 유용하지?

하지만 우리가 완전히 다른 질문을 스스로에게 한다면, '어떻게 X 또는 Y라는 직업을 얻을까'가 아니라 '**어떻게 인간이 될까?**'를 스스로에게 묻는다면 어떤가?

이것은 소크라테스의 뇌리에서 떠나지 않은 질문이었다. 그는 우리 인간이 이 행성 지구에서 이중 본성을 가진 유일한 피조물임을 알고 있었다. 우리는 피와 살과 본능과 욕망과 물질적 필요의 동물적 본성이 있다. 하지만 우리는 또한 양심과 의식을 갖는, 사랑, 아름다움, 진리, 정의, 연민, 절제, 용기, 정직, 예의 같은 불멸적 가치와 미덕을 갖는, 그리고 또한 질문들, 심지어 인생을 통해 경험하는 상실, 고통, 비극 때문에 저주받은 질문들을 갖는, 그리고 끝으로 특히 삶의 의미를 이해하려는 지속적인 탐색을 갖는 정신적 본성이 있다.

그렇기에 우리가 이렇게 묻는다면. 어떻게 인간이 될

까? 우리 실존의 표현으로서 의미 있는 삶을 어떻게 실현할까? **도덕적** 존재가 되려면, 편리함보다는 양심을 선택할 정도로 용감하려면, 초월적인 정신적 가치들을 우리 자신의 것으로 만들고, 우리 삶과 세계에서 일어나는 일들을 이해하고, 자신의 삶을 어떻게 의미 있는 삶으로 만들지 이해하려면, 어떤 종류의 교육이 필요한가?

이것들은 오래된 질문, 인류만큼 오래된 질문들이다. 네덜란드 화가 빈센트 반 고흐는 동생 테오에게 보낸 아름다운 편지에서 오래된 전설을 들려준다. 이 전설은 우리가 마땅히 되어야 하는 사람이 될 수 있도록 하는 데 어떤 교육이 도움을 줄지에 관한 이 물음을 다루는 전설이다.

> 인류 그 자신만큼 오래되었고 현재에도 멈추지
> 않을 것들이 있어. 오래된 전설을 하나 알고 있지.
> 어떤 민족의 전설인지는 모르지만 내가 좋아하는
> 전설이야. 이 전설은 분명 **말 그대로** 일어난 일은
> 아니지만, 그럼에도 아주 큰 상징이야. 이야기는
> 이렇지. 인류는 두 형제의 후손이야. 이 두 명은
> 자신이 원하는 것을 선택할 수 있었어. 한 명은
> 금을 선택했고, 다른 한 명은 책을 선택했지.

금을 선택한 형제는 만사가 잘되었지만, 다른
형제는 좋지가 않았다. 전설은—정확히 왜인지는
설명하지 않으면서—책을 가진 형제가 춥고 궁핍한
땅으로 추방되어 **고립되어** 있었다고 이야기하지.
하지만 그러고 나서, 궁핍함 가운데 그는 책을
읽기 시작했고 책에서 여러 가지를 배웠어.
그래서 그는 삶을 좀 더 견딜 만한 것으로 만들 수
있었고, 곤경에서 그를 구해줄 여러 가지 것들을
발명했어. 그래서 마침내 그는 일정한 장악력을
얻었다. 비록 언제나 노동을 통해서 그리고 마치
투쟁을 통해서인 양 얻은 것이지만. 그리고 나중에
가면, 책을 가진 형제는 더 강해졌듯이, 첫 형제는
약해졌어. 첫 형제는 나이가 들면서 금이 만사의
회전축이 아니라는 것을 느끼게 되었지. 이건 그냥
전설일 뿐이지만, 내게는 상관없어. 그 안에는 내가
진리라고 생각하는 더 깊은 무언가가 있어. '책',
그것은 단지 모든 책들 내지는 문학에 불과하지
않아. 그것은 또한 양심, 이성이야—그리고 그것은
예술이야. '금'은 단지 돈에 불과하지 않아. 그것은
또한 다른 많은 것들의 화신이야. (1884년 1월의 편지)

한편으로 직업교육이 있다. 오늘날 그것은 우선적으로 STEM 전공(과학, 기술, 엔지니어링, 수학), 법학, 경제학, 그리고 다양한 비즈니스 스쿨이다. 이 모두는 실용주의, 경험주의, 유용성에 초점을 맞춘다. 다른 한편으로 **자유**교육, 교양^{Bildung}, 소크라테스가 말한 파이데이아가 있다. 이것은 정의상 비실용적이고, 쓸모없고, 형이상학적이다. 그리고 직업교육과는 반대로 돈을 벌기 위한 탄탄대로가 아니다. 빈센트 반 고흐의 전설은 이 둘의 차이를 보여주는 시적인 삽화다. 소크라테스와 반 고흐가 가난한 사람으로 죽었다는 것은 우연의 일치가 아니다. (피카소는 아주 부유한 사람으로 죽었다. 하지만 그는 예술가와 철학자의 삶의 규칙에서 극히 드문 예외다!) 하지만 소크라테스와 반 고흐는 직업교육보다는 이 책의 교육을 선호했으며 우선시했다. 왜? 왜냐하면 둘 모두 소크라테스가 '인간을 정의하는 것은 무엇인가?'라는 질문을 받았을 때 표현한 깊은 직관을 공유하고 있었으니까. 소크라테스의 대답은 '**인간 영혼**'이다. 즉 우리의 정신적 본성, 우리를 다른 모든 피조물과 구별해주는 것. 그러므로: 삶에서 가장 중요한 것은 **영혼을 돌보는** 것이다.

어떻게? 소크라테스는 설명한다. 다른 무엇보다도, **자기검토**를 통해서. 오직 질문하기를 통해서, 자기비판을 통해서, 그리고 어떻게 구분하는지 배움을 통해서, 우리는 우리가 누구인지 알 수 있으며, 우리 영혼의 상태를 알 수 있으며, **도덕적** 존재가 되기 위해 필요한 에토스를 알 수 있다.

둘째로, 우리는 **지혜**에 대한 사랑이 있어야만 한다. 오직 지혜를 통해서, 우리는 무의미하거나 그저 나쁜 것을 그토록 자주 직면케 하는 삶과 세계에서 의미를 찾을 수 있으니까. 경험적이거나 물질적이지 않기에 정의될 수도 이론화할 수도 없는—우정, 사랑, 진리, 선함, 내적 아름다움, 연민 같은—정신적 가치들을 발견하여 우리 것으로 만들기 위해서 우리에게는 지혜가 필요하다.

영혼에 대한 돌봄은 또한 뮤즈의 세계인 예술에 친숙할 것을 요구한다. 우리의 가장 깊은 정서들, 우리의 가장 사적인 질문들에 대한 대답, 우리의 내적인 삶—이런 것은 그에 대한 단어를 찾을 수 없기에 표현되지 못한다. 하지만 시에서, 문학에서, 음악이나 회화에서, 우리는 갑자기 다시 소통할 수 있게 해주는 언어를 실로 발견한다. 예술이 제공하는 상상력의 선물을 통해 주변 사람들의 가슴속에 있는 것을 이해하기가 더 쉬워진다.

끝으로, 우리는 인문학과 예술의 **고전**을 가지고 있어야 한다. 고전 작품들은 우리에게 질문을 하고, 우리를 읽어낸다. 그것들은 또한 우리로 하여금 자기기만을 없애는 데 도움을 준다. 그것들은 우리 자신의 진리와 직면하는데 도움을 주고, 또한 통찰과 더불어서 우리가 누구인지를 이해하고 우리가 사는 세계를 이해하도록 도와준다.

반 고흐한테는 전설에서 이 모든 것을 상징하는 인물이 책을 선택한 형제다. 그리고 그것은 **자유교육**liberal education이라고 불린다. 바로 이 교육이 우리를 자유로워지도록 돕기 때문이다. 이 교육은 우리의 두려움, 본능, 최악의 욕망 너머로 자신을 고양시킬 수 있도록 도와준다. 우리 자신의 어리석고 한심하고 좌절당한 측면으로부터 우리를 해방시켜, 진리 안에서 살고, 아름다움을 창조하고, 정의를 행하고, 연민을 가질 수 있도록 도와준다. 조지 오웰이 파시즘의 반대이자 해독제로 보는 것은 바로 이와 같은 삶의 태도, 이와 같은 삶의 방식이다. 즉 공동의 품위.

* * *

우리 사회의 표면 아래에서 일어나고 있는 일을 감지하는 최고의 감수성을 지니고 있었던 철학자 프리드리히 니체는 27세에 불과했던 1872년 이미 서양 세계를 근본적으로 바꾸어놓을 거대한 패러다임 전환이 일어나고 있다는 것을 깨달았다. 그는 막 바젤대학교의 문헌학 교수

로 임명되었고, 바젤시 학술협회는 교육의 미래에 대한
공개 강의를 해달라고 그를 초청했다.

강의의 핵심 주장은 이렇다. 교육이 정치적, 경제적 이
유로 확대되고 확장되면서, 교육의 문화적 내용은 침식당
할 것이다. 교육은 공리주의에, 혹은 더 정확히는, 급여에
종속될 것이다. 미래 학생들은 기본적으로 다만 "가능한
한 많은 지식"을 얻고 "시대의 첨단에" 머물기 위해, 가장
쉽게 돈을 벌 수 있는 길을 배우기 위해 공부한다. 보통교
육에는 "표준형" 인간, 배치하기가 쉽고 가능하다면 동전
통화처럼 교환 가능한 인간을 형성하는 과제가 정부와 사
회 일반에 의해 주어질 것이다. 계속해서 말하기를, 지배
적인 도덕은 시간이 많이 걸리는 교육, 돈과 거래를 초월
하는 목표를 추구하는 교육을 혐오할 것이다. 근대의 학
생은 그 반대를 원한다. 즉 빠른 시간에 돈을 버는 존재가
될 수 있도록 속성 교육을 얻고자 한다. 하지만 동시에 무
척 많은 돈을 벌 수 있도록 철저한 교육을 원한다. 근대
교육에서는, 경제에 득이 되는 것 이상으로는 단돈 10원
도 더 문화에 지불하지 않을 것이다. 하지만 이 최소한의
교양은 필수이다. 문명의 학교들의 시간은 끝날 것이다.
그 학교들은 경제, 경영, 관료제의 이익에 봉사하는 것을
유일한 목표로 삼는 교육에 의해 대체될 것이다. 이것이

니체가 1872년에 예측한 것이다……*

이러한 교육 접근법 배후에는 패러다임 전환이 있다. 모든 것을 바꾸어놓을 거라는 걸 니체가 알고 있었던 패러다임 전화. 즉 질의 객관성은 양의 객관성으로 대체될 것이다. 질적인 가치라는 관념, 삶과 삶의 초월적 정신적 가치들의 질이라는 관념은 새로운 신념, 지고의 가치이자 존재 척도로서의 양에 대한 신념에 의해 대체될 것이다. 세계 안의 모든 것은 수로—그리고 그와 더불어 경제적 유용성으로—환원되고 측정될 것이다. 더 큰 수가 언제나 더 좋기 때문에, 한층 더 큰 수에 대한 멈출 수 없는 추구가 있으며, 이는 결코 충분하지가 않다. 질에 대한 추구가 양에 대한 추구로 대체되면서, (정신적 질의 표현인) 창조성에 대한 추구는 발명과 생산의 촉구로 대체될 것이다. 과학이 철학을 대체할 것이다. 자료와 정보가 지혜를 대체할 것이다. 도덕적 가치들은 상업적 이익에 의해 대체될 것이다. 양심에 대한 촉구가 양심의 감수성보다 더 강력할 것이다. 지성은 여전히 충분할 것이다. 하지만 지성은 결코 무지를, '심정의 앎'에 대한 무지를 배제하지 않는다.

---

* 프리드리히 니체, 〈우리 교육기관의 미래에 대하여〉,
《유고(1870년~1873년)》, 이진우 옮김, 2001, 194~195쪽.

혹은 파스칼의 말처럼, "심정은 이성이 모르는 자신의 이유를 가지고 있다Le Cœur a ses raisons que la raison ne connaît point"*.

이 모든 것의 사회적 결과들은 헝가리계 미국인 정치학자 칼 폴라니의 중요한 책의 주제다. 그는 1944년《거대한 전환: 우리 시대의 정치·경제적 기원》을 출간했다. 폴라니는 공리주의의 점증하는 지배와 더불어 경제에서 이윤의 최대화가 자본주의 사회의 신조가 된다고 설명한다. 시장경제의 도입과 더불어 경제는 전체로서의 사회의 이익에 더 이상 봉사하지 않으며, 사회는 시장경제의 요구들에―가령, 생산적이고 효율적이고 유용할 것, 경제 성장 등에―적응해야만 하며, 아무런 사회적 비전도 없는 돈 문화가 지배할 것이다. 내재적 가치들은 더 이상 없으니 가치들의 쇠락으로 인해서, 그리고 공리주의 사회에서 경력을 쌓을 유일한 길로서 순응주의의 점증하는 사회적 압력으로 인해서, 사람들은 자기이익에 사로잡힐 것이다. 민주주의 국가들은 야망, 탐욕, 근시안적 편견을 특징으로 하는 정치적 계급에 의해 지배되는 의회 정치 속에서 부패할 것이다. 폴라니에 따르면, 이 사회들에서는 파시스트 운동이 없더라도 그 사회의 '패자들'의―즉 실존과 삶

★ 파스칼,《팡세》, 이환 옮김, 민음사, 2003, 117쪽.

의 방식에서 위협을 받고 있다고 느끼며 핵심 동일시 요
소로서 비합리적인 철학, 민족주의를 반기는, 외국인 혐오
와 결국은 폭력마저도 반기는 원한에 찬 사람들의—감정
적 반응으로 파시스트적 반란이 자라날 것이다.

20년 뒤 독일 유대계 철학자 레오 스트라우스는 자유
교육의 상실과 그 상실이 우리의 민주주의 사회에 미치는
충격에 관하여 유사한 지적을 한다.

그는 이렇게 말한다: "자유교육은 대중문화에 대한, 대
중민주주의의 부식 효과에 대한, '정신도 비전도 없는 전
문가' 말고는 그 무엇도 산출하지 않는 그것의 내재적 경
향성에 대한 해독제다. 자유교육은 대중민주주의에서 원
래 의미의 민주주의로 올라가려고 노력하면서 밟는 사다
리다. 자유교육은 민주주의 대중사회 내부에 귀족주의를
세우기 위한 필수적인 노력이다. 자유교육은 대중민주주
의 구성원 가운데 들을 귀를 가진 사람들에게 인간의 위
대함을 상기시킨다."**

이 인간의 위대함은 지혜를 추구하고, 아름다움을 창조
하고, 선악에 대해 알고, 어머니 자연을 탐사하고 보호하

** 레오 스트라우스, 〈자유교육이란 무엇인가?〉, 1959년 6월 6일, 성인을 위한
자유교육 기초 프로그램 10회 졸업식 강연.

며, 이 세계 안에 진리와 정의가 있을 곳을 제공하는 모든 인간에게 주어진 우리의 역량이다. 그리고 이 모두는, 소크라테스가 가르쳐주듯이, 영혼에 대한 돌봄과 함께―정신의 고귀함과 함께―시작된다. **영혼에 대한 돌봄과 정신의 고귀함**이라는 이 관념은 또한 우리의 문명의 존재 의미에 대한 열쇠이기도 하다.

* * *

90년 전인 1929년, 이상한 철학자이지만 결정적으로 중요한 철학자 루트비히 비트겐슈타인은 케임브리지의 이교도 협회에서 그 유명한 윤리학 강의를 했다. 이 강의에서 그는 **윤리의 학**은 없다는 근본적인 주장을 하며, 계속해서 이렇게 말한다. "만일 어떤 사람이 실제로 윤리에 관한 책인 윤리에 관한 책을 쓸 수 있다면, 이 책은 세상에 있는 다른 모든 책들을 폭발과 더불어 파괴할 것이다."*

나는 이 윤리에 관한 책이 이미 존재한다고 확신한다. 그 책은 틀림없이 빈센트 반 고흐가 편지에서 들려주는 전설에서 다른 형제가 선택한 책이었을 테니까. 그 책은 삶의 문법을 담은 단 한 권의 책이다. 그리고 그 책은 다른 모든 책들을 파괴하지 않았으며, 이 삶의 문법이 폭발

★　루트비히 비트겐슈타인, 《소품집》, 이영철 편역, 책세상, 2006, 29쪽.

하면서 생긴 불꽃들과 더불어 다른 책들 속으로 들어갔다. 그 불꽃 중 몇몇은 이 책으로 들어왔다. 그 불꽃들은 이 책을 전 세계로 실어나른다. 용기를 내어 정신의 고귀함을 살아 있게 보존하라는 부름과 격려를 담아, 이제 친애하는 독자인 당신에게로.

롭 리멘

2019년 1월

전주곡: 리버 카페에서의 저녁 식사

미국에게 말하거나 노래하려는 너는 진정 누구인가?
—월트 휘트먼,《풀잎》

1

인생에서 가장 중요한 사건들은 계획할 수 없다—그것들은 어쩌다 너에게 일어난다. 우정이나 위대한 사랑이 너의 인생 안으로 떠돌다 들어오는 날은 예기치 않은 것이다. 사랑하는 사람이 이생을 떠나는 시간은 예기치 않은 것이다. 너의 인생을 영원히 바꾸어놓는 그 하나의 사건은 예기치 않은 것이다. 그런 순간들에, 마치 인간 영혼은—중요한 것과 진실로 중요하지는 않은 것, 너와 함께 영원히 남을 것과 마음대로 잊어도 좋은 것을 평가할 자신의 권능을 의식하면서—기억하는 너의 부분한테 영혼이 차후에 자기 자신의 것으로 만들 모든 세부들을 일체의 감각들이 활성화된 상태로 신중하게 기록할 권한을 부여한 것 같다. 더 이상 필요하지 않을 때 잊을 수 있는 날짜들과 사실들에 대해서는 우리의 두뇌로도 좋다. 하지만 우리의 가슴속에 안전하게 저장되는 그 어떤 것은 분실되지 않을 것이다. 이것은 할리우드 고전 〈해리가 샐리를 만났을 때〉에서 아주 단순하지만 놀랍게 그려지고 있다. 단지 나이 든 결혼한 커플에게 언제 처음 만났는지 물어보라. 그러면 그들은 50년, 60년 된 세부들을 놀라운 정확성을 가지고 기억한다. 그들은 많은 것을 잊었다. 하지만 그들 가슴속에 아로새겨진 그 첫 만남은 잊지 않았다.

2

2001년 11월 미국 도시와 대학교 몇 군데를 여행하면서, 나는 통상적인 것을 벗어난 무언가를 기대할 아무런 이유도 없었다. 넥서스 연구소 일에는 매력적인 측면이 있는데, 언제나 문화-철학적 주제를 다루는 연례 넥서스 학회에서, 연사로 초청한 국제적으로 유명한 사상가들과 만남을 갖고 그들의 강연 내용이나 패널 주제를 함께 논의한다는 것이다. 참석 연사들과 다음 학회 주제('인생의 탐구: 악')는 오래전에 정해져 있었다. 다른 이유도 있겠지만 바로 그 때문에 다음과 같은 스케줄이 잡혔다. 뉴욕에서는 멜빌 학자 앤드루 델반코, 시카고에서는 J. M. 쿳시, 스탠포드에서는 도스토예프스키 전기작가 조지프 프랭크와 철학자 리처드 로티, 워싱턴 D.C.에서는 이전 학회에서 깊은 인상을 준 리언 위셸티어. 넥서스 연구소와 처음부터 긴밀한 관련을 맺었던 마이클 이그나티에프와 역사학자 다니엘 골드하겐의 참여는 하버드를 재방문할 반가운 이유가 되었다. 십중팔구 이 모두 즐겁고 흥미로운 만남이 될 것이었다. 하지만 '잊을 수 없는' 만남이 될 거라고 기대한다면 과장이었을 것이다.

다행히 사업 여행이라고 해도 모든 약속이 일과 관련 있어야 하는 건 아니다. 암스테르담에서 도착한 날 나는 뉴욕의 유명한 리버 카페에서 엘리자베스 만 보르제세와 함께할 식사를 간절히 기다리고 있었다. 이 데이트 역시 사전에 정해져 있었고, 오랜 친구와 즐거운 대화를 나누는 것 이상을 기대할 이유는 없었다. 엘리자베스 만 보르제세가 누군지 잘 아는 사람이 거의 없다는 것은 유감스럽지만 시대의 징후 같다. 내가 그녀의 이름을 언급할 때,

보통 반응은 멀뚱멀뚱한 표정이다. 나는 충동적으로 이렇게 덧붙이곤 한다. "위대한 작가 토마스 만의 막내딸이자 총애 받았던 아이." 그렇지만 이러한 묘사가 실제로는 내게 토마스 만이 중요하다는 진술이며, 그의 막내딸의 자질을 정당하게 대우하고 있는 게 아니라는 걸 깨닫는다. 앨 고어가 영화 〈불편한 진실〉에서 엘리자베스 만 보르제세가 시작한 일을 이어가고 있는 것이라고 말할 때 나는 엘리자베스를 실제로 더 정당하게 대우한다.

리버 카페에서의 그 특별한 밤은 기대했던 것과 너무나도 달랐다. 따라서 이 책의 탄생에 크게 기여한 그 여자에 대해 좀 더 말하는 것은 이치에 맞는 일이다.

그녀는 1918년 뮌헨에서 태어났으며 1933년 부모와 함께 스위스로 망명을 가게 되었다. 1938년 부모와 함께 미국으로 이주했으며, 이탈리아 문예학자이자 정치 활동가이며 저명한 반파시스트였던 주세페 보르제세와 결혼했다. 그들은 세계대전 승리 이후 평화의 보장을 추구했던 한 운동의 영혼이 되었다. 세계헌법과 세계연맹의 창조를 통해 이룩될 평화. 그들은 마하트마 간디, 장 폴 사르트르, 알베르 카뮈, 버트런드 러셀, 알베르트 아인슈타인, 토마스 만 같은 인물들의 지지에 의지할 수 있었다. 1960년대 중반에―훨씬 연상이었던 남편은 그때 이미 죽은 뒤였는

데—엘리자베스는 이 목표가 그 시대에는 너무 유토피아적이라는 걸 깨달았다. 실용주의적으로, 그녀는 더 직접적인 어떤 것, 즉 환경에 헌신하기로 결정했다. 그 방식으로 평화를 실현하기로.

엘리자베스 만 보르제세는 로마클럽을 창설한 작은 집단의 유일한 여성 회원이었다. 로마클럽은 환경을 정치적 의제로 올리고, 환경 위협과 환경 보호 책임 공유에 대한 인류의 인식을 높이기 위해 만들어진 최초의 국제 조직이다. 하지만 로마클럽도 그녀에게는 충분히 실천적이지 않았다. 그래서 그녀는 국제해양연구소를 공동 창설했다. 이 연구소는 대양은 개별 국가가 아니라 모든 인민에게 속하며 그들의 책임이라고 명시하는 유엔 협약을 지지하는 데 전념했다. 1982년 유엔총회가 이 제안을 수용하고 1994년 (미국의 지지 없이) 비준한 것은 주로 엘리자베스 만 보르제세의 노력 덕분이었다. 그녀는 셀 수 없이 많은 사람들과 이야기했으며, 그들 모두 그녀의 지성과 확신과 매력에 분명 감명을 받았다.

그녀는 20세기의 진정한 구현자였다. 그녀의 친구 중에는 블라디미르 호로비츠(그녀는 콘서트 피아니스트가 되려는 야망을 품었던 젊은 시절 그에게 피아노 레슨을 받았다), 브루노 발터, 알베르트 아인슈타인, 자와할랄 네루, 인디라 간디,

W. H. 오든, 아그네스 마이어, 이그나치오 실로네, 로버트 허친스, 로저 세션스와 그 밖에도 많은 이들이 있었다. 처음 만났을 때 그녀는 여든 살이었고 노바스코샤주 핼리팩스에 살고 있었다. 그곳에서 그녀는 댈하우지대학교의 국제 해사법 교수로 있었다. 나는 1999년 봄 넥서스 연례 강연에 그녀를 강사로 초청했고, '내 인생의 세월들'이라는 주제를 제안했다. 1950년 그녀의 아버지는 그 제목으로 유명한 강연을 했다. 당시 일흔다섯이었던 그는 그 강연에서 그의 시간들을 되돌아보았다. 반세기 뒤 그의 여든 살 딸에게 그녀의 시간들에 대해 말해달라고 청하는 것은 적절해 보였다. 처음에 그녀는 주저했다. "나는 감히 아버지 발자국을 뒤따르지는 않아." 나는 그녀를 설득하는 데 성공했다. 1999년 5월 12일, 네덜란드 틸버그대학교의 매진된 홀에서, 베아트릭스 여왕과 친구이자 정치적 협력자인 전 수상 뤼트 뤼버르스가 앞줄에 앉아 있는 가운데, 그녀는 잊을 수 없는 강연을 했다. 우정이 형성되었고, 우리는 계속 접촉을 유지했다. 2001년 연말에 둘 다 뉴욕에 있게 된다는 걸 알았을 때, 우리는 저녁 식사 약속을 잡았다. 11월 7일 수요일 오후 7시 30분, 리버 카페.

3

내 책에 약속 날짜를 적고 나서, 예견할 수 없었던 두 가지 아주 다른 일이 그 저녁 식사의 정황을 완전히 바꾸어 놓았다.

하나는 9·11이었다. 유럽에서 막 도착해서, 암스테르담 발 장거리 비행 후 운동 삼아 걸었던 그날 저녁 뉴욕의 광경은 결코 잊지 못할 것이다. 재앙의 날 이후 두 달이 지나고, 그 빛의 도시는 어두웠고, 차가웠고, 텅 비어 있었다. 택시 몇 대 말고는 거의 아무 차량도 없었다. 보행자 역시 사라졌기 때문에, 택시들은 수입이 많지 않았을 것이다. 네덜란드 친구 몇 명이 소호지구 우스터가에 살고 있었다. 그래서 나는 그곳으로 향했다. 그들은 집에 없었다. 그러고 나서 여행자의 충동에 이끌려 웨스트 브로드웨이로 갔다. 그라운드 제로 방향으로. 지금도 나는 저 멀리 그라운드 제로 위로 내가 본 부유하는 거대한 검은 구름이 진짜였는지 허구였는지 알지 못한다. "공포! 공포!"가—조지프 콘래드의 《암흑의 핵심》에 나오는 그 외침이'—내 마음을 뚫고 들어왔고, 나는 발길을 돌렸다. 워싱턴 광장에서 택시를 타고 브루클린 다리 아래 리버 카페로 갔다.

거의 비어 있는 레스토랑에 가장 먼저 도착한 나는 샤르도네 잔을 들고 창가 테이블에 앉아 자유의 여신상이 도시를 살피는 모습을 바라보았다. 돔 살바도르의 〈I'll Be Seeing You〉가 너무나도 멜랑콜리하게 배경에서 희미하게 들렸고,[2] 나는 나의 두 객을 기다리고 있었다.

그렇다, 둘. 그것이 기대하지 않았던 두 번째 일이다. 출발 며칠 전, 엘리자베스가 전화를 했다. 늘 있는 서두 뒤에, 조지프 굿먼을 들어본 적 있는지 물었다.

"누군데?"

"실은 아주 고독한 사람이야. 하지만 오랜 친구지. 그날 같이 만나면 정말 좋겠어."

"좋아. 하지만 시간이 좀 있으면 어떤 사람인지 좀 말해주면 고맙겠어."

젊은 시절 콘서트 피아니스트가 되려고 계획하고 있었을 때, 엘리자베스는 매일 프린스턴에서 뉴욕으로 이동을 했다. 뉴욕에서 그녀는 필라델피아 커티스음악원과 연계된 위대한 러시아 피아노 교사 아자벨라 벤젤로바에게서 레슨을 받았다. 이 여자에게는 엘리자베스 말고 또 다른 학생이 있었다. 조지프 굿먼. 조는 엘리자베스보다 세 살 어렸고, 역시 독일 출신이었다. 나중에 알게 된 것이지만, 1938년 9월 23일 뉴욕 항으로 들어오고 있었던 동일한 배 뉴암스테르담호를 타고 미국에 도착했다. 하지만 조는 부모 없이 3등 칸에 있었다. 부모는 독일에 남아 있었고 다시는 보지 못할 것이었다. 엘리자베스는 유명한 부모와 같이 선장의 식탁에서 저녁 식사를 했다.

엘리자베스에 따르면, 조는 뛰어난 피아니스트였다. "조가 베토벤 작품 106번을 연주하는 걸 들어봤어야 해." 그녀가 말했다. 하지만 그 젊은 남자는 뛰어난 만큼이나 내향적이었다. 그에게 이끌렸지만 그를 염려하기도 했던 엘리자베스는 그의 신뢰를 얻는 데 성공했다. 그들은 아주 가까운 친구가 되었다. 그러고 나서 그녀는, 조 같은 재능이 없다는 걸 깨닫고는, 그리고 다른 이유들도 있어서, 피아니스트가 되려는 꿈을 포기했으며, 서른여섯 연상의 주세페 보르제세와 사랑에 빠졌다. 그녀는 그와 함께 새로운 목표를 성취하고자 했다: 세계헌법, 세계연맹, 세계평화. 그녀는 조에게 결혼이 그들의 우정에 영향을 주지 않을 거라고 말했다. 하지만 그는 결혼식에 참석하지 않았고, 그녀의 인생에서 사라졌다.

여러 해가 지나고 1960년대 말엽에, 그녀는 뉴욕시 한 중고서점에서 우연히 그와 마주쳤다. 그는 거기서 판매원으로 일하고 있었다. 그때는 이미 남편을 잃은 후였던 엘리자베스는 캘리포니아 산타바바라에서 살면서 일하고 있었다. 그녀는 그곳에서 민주제도 연구센터를 주재했다—이는 그녀가 환경에 관여하기 전이었다. 결혼을 한

적이 없는 조는 이제 인생을 두 번째 사랑인 책에 바치고 있었다.

"너 정말 피아노 포기한 거야?" 엘리자베스가 물었다.

"피아니스트로는 살아갈 수가 없었어, 엘리자베스. 하지만 가끔 곡을 쓰곤 해." 그녀는 작품을 좀 볼 수 있냐고 물었다. 하지만 그는 난색을 표했다. "어쩌면. 하지만 그게 무슨 소용이 있는지 모르겠어."

조는 새로운 인생이 마음에 들었다. 그것은 그에게 읽을 시간을 많이 선사했다. 서점에서 그는 특히 한 모음집을 보물처럼 여겼다. 시인 월트 휘트먼의 작품집.

"너에게서 내 아버지가 갖는 의미가 그에게서 월트 휘트먼이 갖는 의미와 같다는 걸 알아둬." 엘리자베스가 내게 말했다. "하지만 아마 네가 내 아버지한테 사로잡혀 있는 것보다는 그가 휘트먼에게 훨씬 더 사로잡혀 있을 거야."

"서점에 네 아버지 책들도 있었어?"

"딱 한 권, 《파우스트 박사》. 그리고 조는 내게 아버지 강연록 두 개를 보여주었어. 〈독일공화국에 대하여〉, 〈민주주의의 도래하는 승리〉. 조가 왜 그 강연록을 가지고 있었는지 알겠어?"

"알아맞혀 볼게. 네 아버지가 거기서 휘트먼을 인용하기 때문이지."

"맞아! 너희 둘은 정말 많은 걸 공유하게 될 거야." 엘리자베스가 말했다. "나는 너희들이 만나는 게 정말 기뻐."

나는 엘리자베스에게 그 서점을 정말 보고 싶다고 말했다. 하지만 그녀는 그게 더 이상 존재하지 않는다고 말했다. 1970년대 중반 서점은 문을 닫았다. 그리고 조는 다른 일자리를 찾았다. 그는 다시 피아노 연주자로 돌아갔다. 하지만 멕시코 인근 태평양을 항해하는 유람선 위에서.

1978년 4월 예순이 되었을 때, 뜻밖에도 그녀는 두 가지 소식을 담은 편지 한 통을 받았다. 조는 월트 휘트먼의 시에 맞추어 곡을 만들었다. 그리고 딸이 태어났다는 소식. 덧붙여 이렇게 적혀 있었다. "지금은 모든 게 좋아. 작은 소녀는 아름다워. 인생에서 처음으로 평화와 행복을 느껴."

조는 계속 태평양을 항해했고 엘리자베스는 핼리팩스로 이사를 갔다. 하지만 그들은 계속 연락을 유지했다. "응, 그래서 넌 대서양을 바라보고 있고 나는 태평양을 바라보고 있지. 하지만 적어도 우리는 대양에 의해 연결되어 있구나." 그는 가끔 전화하면서 이렇게 말했다. 40년 만에 처음으로 엘리자베스는 그가 잘 지낸다는 느낌이 들었다. 그는 그녀가 하고 있는 일에 관심을 가졌고, 딸아이에 대해서는 사랑을 담아 말했다. 1988년 초, 그가 다시 전화했다. 그의 딸이 열대 바이러스로 열 살 나이로 죽었다. 딸은 2주 동안 고열을 앓았다. 하지만 의사들은 아무것도 할 수 없었다. 조는 비탄에 빠져 있었다. 엘리자베스는 비록 그 작은 소녀를 만난 적은 없지만 자기 아이를 잃은 느낌이었다. 2년 뒤 조는 뉴욕으로 이사를 갔다. 그의 결혼은 그가 또다시 겪고 있는 깊은 우울을 견뎌내지 못했다. 이 모든 것도 충분치 않다는 듯, 그는 이제 틱, 경련성 사경斜頸이 생겼는데, 그 때문에 머리를 통제할 수 없이 계속 움직이게 되었고, 그래서 피아노 연주는 더 이상 가능하지 않았다. 엘리자베스에게 그는 말했다: "너 근처에 있고 싶기는 해도, 나는 미국인이야. 나는 캐나다에서 살 수 없어. 나는 휘트먼의 도시에서 살아야만 해."

그녀는 그가 다운타운에 산다는 걸 알았다. 하지만 그는 어딘지를 좀처럼 말하지 않았다. 아마도 그의 가난이 부끄러웠기 때문에. 엘리자베스는 전화번호조차 몰랐다. 그가 전화를 했다. 그들은 1년에 몇 번 보곤 했다. 언제나 그가 좋아하는 장소에서. 센트럴파크에 있는 저수지 근처의 정해진 벤치. 신선한 공기를 좀 마시려고 그는 매일 오후 그곳에 갔다. 그리고 거기서 종종 서점 시절부터 친구인 에밀리오 콘티니를 보기도 했다. 2001년 9월 11일, 쌍둥이 빌딩 공격 소식을 들었을 때, 엘리자베스는 조에게서 연락이 오기를 간절히 기다렸다. 그가 마침내 그녀에게 닿아 무사하다는 걸 알렸을 때, 엘리자베스는 두 달 뒤에 뉴욕에 있을 거라고 말했다. 그는 말했다: "그때 정말 널 보고 싶다."

나는 엘리자베스의 이야기에 감동을 받았고, 그걸 나와 나눈 것에 고마움을 표했다. 하지만 나는 리버 카페에 내가 있는 건 방해가 될 거라고 확신했다. 엘리자베스는 졸라댔다. "아니, 조는 널 만나고 싶어 해. 나도 널 보고 싶어. 넌 꼭 와야 해."

4

정확히 7시 30분에 내가 있는 테이블에 앉은 그 나이 든 남자는 작고 노쇠했으며, 그의 시인-영웅에게 어울릴 만한 수염을 기르고 있었다. 재킷은 올이 다 드러나 있었다. 조는 맥주를 주문했다. 그리고, 머리 경련을 제한하려고 머리를 어깨에 가까이 기댄 채, 한 모금 마쳤다. 머리가 멈추려 하지 않는 어떤 사람 맞은편에 앉아, 엘리자베스가 들려준 그의 인생 이야기를 알고 있으면서, 나는 잠시 무슨 말을 할지 어쩔 줄을 몰랐다. 나의 동석자가 맥주를 마시려고 노력하느라 바빠서 역시 아무 말도 하지 않았기 때문에, 나는 맥없이 대화를 터보려고 했다.

"전에 여기 온 적 있어?"

"아니."

"경관이 대단해, 안 그래?"

"아니, 난 경관이 대단하다고 생각하지 않아. 더 이상 아니야."

그는 나의 당혹감을 틀림없이 알아차렸다. 그리고 좀 더 친절한 어조로 덧붙였다. "그래도 '거대한 여자'는 아직 저기 있지. 여기서 보면 그녀는 정말 대단한 경관이야. 위 안이기도 하고."

"'거대한 여자'?" "응, 자유의 여신상. 기단 명판에 새겨진 에마 래저러스의 시 몰라?

횃불을 든 거대한 여자가 서 있노라.

횃불의 불꽃은 감금된 번갯불.

여자의 이름은 망명자들의 어머니.[3]

"난 처음 여신상을 본 아침을 절대 잊지 못할 거야. 우리가 같은 배로 왔다고 엘리자베스가 말했어?"

"응, 말했어. 난 자유의 여신상도 엘리스 섬도 전혀 가본 적 없어. 하지만 1909년 4월 13일 먼 친척 이자크 리멘이 러시아에서 뉴욕으로 왔다는 걸 최근에 알았지. 내일

시간이 나면 엘리스 섬에 가볼 생각이야. 그에게 어떤 일이 있었는지 알아볼 수 있을까 해서."

"엘리스 섬은 아직 닫혀 있을 거야. 보안조치라나……무슨 일로 뉴욕에 왔어?"

그때 엘리자베스가 레스토랑으로 들어왔다. 역시 작고 늙었지만 생기가 넘쳤다. 우리는 주문을 했다. 엘리자베스는 자기 위스키가 있었다(그녀가 좋아하는 건, 스카치, 싱글몰트). 나는 다가오는 넥서스 학회를 설명하기 시작했다. 주제, 참가자, 학회에서 다룰 몇 가지 핵심 질문들. 악은 어디에서 오는가? 왜 인간 실존 속에는 그토록 많은 악, 불의, 고통이 있는가? 욥의 역경에는 전적인 답이 있는가, 아니면 삶은 궁극적으로 무의미한가?

"이 주제를 현 시국과 관련 있는 주제로 선택한 거냐는 질문을 받았어. 하지만 2002년 학회 주제는 몇 달 전에 선정되었어. 악을 다루는 학회는 9·11이 아니더라도 시사성이 있지. 철학자 콜라코브스키와 스크루턴이 이 문제를 다룰 거야. 남아프리카 진실과화해위원회 위원인 품라 고보도 마디키젤라는 그녀가 본 악의 얼굴을 논할 거야. 이스라엘에서 오는 모셰 할버탈은 욥의 질문을 다룰 거야. 마리오 바르가스 요사는《염소의 축제》를 논의하려고 다시 참석할 건데, 이 작품은 악의적인 정치 체제들의 핵심으로 들어가지. 뛰어난 캐나다 지식인 존 랠스턴 소울도 올 거야. 내가 이번 여행에서 만나는 사람들도 올 거고. 중요한 학회가 될 것 같아."

엘리자베스는 동의하면서 고개를 끄덕였다. 하지만 조는 납득이 되지 않았다. "내 생각에, 지식인들이 지금 하지 **말아야** 하는 게 바로 이거야. 전 세계가 악을 논의하느라 바쁘잖아. 게다가 너는 그것이 무엇을 성취할 거라고 생각해? 그것 때문에 인류가 눈곱만큼이라도 나아질까? 왜 너는 좀 더 긍정적인 어떤 것을 하지 않지? **자유**에 대한 학회를 조직해. 저 더러운 새끼들, 저 시체성애자 겁쟁이들이 파괴하길 원하는 게 그거니까: 거대한 여자! 미국은 위대한 나라야. 1938년 9월에 도착해서 미국의 상징인 이 인상적인 여인을 처음 본 바로 그 순간 나는 그걸 깨달았어. 그날 기억해, 엘리자베스?"

"물론 기억해, 조. 나도 우리가 도착한 그날을 절대 잊지 못할 거야. 너의 '거대한 여자'가 맞이해준 그 기쁨을. 하지만 솔직히 미국이 더 이상 위대한 나라라고 생각하지 않아. 캐나다 시민이 되었을 때, 나는 내 자유의사로 미국 여권을 돌려줬어. 이 나라는 오래전에 이미 내 나라가 아니었어. 그리고 내 생각에, 자유의 결핍이 우리 안의 악과 전적으로 상관이 있다는 걸 분명히 해주기만 해도, 넥서스가 이 학회를 조직한 건 좋은 일이야. 그와 별도로, 9·11을 계기로 서양이, 특히 미국이 얼마나 자신의 이상들에 다시금 불충실한지 우리가 깨달았으면 좋겠어. 경제적 이익과 외교 정책에서 우린 너무 위선적이야! 위선은 우리 사회의 목을 조르는 탐욕의 결과야. 마르크스는 확실히 그걸 잘 알았어. 자본주의 역시 파괴 세력이지. 우리가 배양하는 어리석음, 퇴폐는 말할 것도 없고. 이런 것들은 언제나 결과가 따르지."

"그래서 너는 9·11에 일어난 일이 괜찮다고 생각하는 거야? 너도 3,000명의 무구한 사람들이 종교 광신도들에게 왜 살해당했는지 '이해'하려고 노력해야 한다고 주장하는 자들에 속하는 거야? 이 광신도들이 단순히 악하다는 걸 이해하는 게 그렇게 어렵다는 거야?"

조는 너무나도 감정적이었으며, 그래서 그의 머리가 한층 더 심하게 흔들렸다. 그 결과 음식을 입에 넣기가 점점 더 힘들어졌다. 차분하게, 그의 팔에 손을 올려놓고서, 엘리자베스가 말했다. "아니, 조, 그건 괜찮지 **않아**. 넌 날 잘 알잖아. 내가 무구한 사람들의 살해를 절대로 정당화하지 않을 거라는 걸. 그리고 나는 악이 존재한다는 걸 정말 알아. 1933년 3월을 절대 잊지 못해. 부모님과 스위스에서 휴가를 보내고 나서 뮌헨으로 돌아갔어. 그 두 주 동안 히틀러와 나치스는 독일을 완전히 장악했어. 교사들은 우리가 떠나기 전에 말했던 것의 정반대를 갑자기 선언했어. 엄청난 충격이었지. 3주 전만 해도 한 교사에게 정신이 나갔던 여자아이들이 이제 '하일 히틀러'로 수업을 시작하는 걸 금지했다고 그 교사를 신고했어. 3주도 채 지나지 않아서 그들 모두 확고부동한 나치스로 변했어. 나는 곧 있으면 열다섯 살이었는데, 그때 이후로 인간 내부에 잠복해 있는 악에 대해 아무런 환영도 가지지 않았어. 하지만 **또한** 폭탄과 수류탄으로 악을 근절할 수 없다는 것도 알고 있어. 우리는 이른바 테러에 대한 전쟁보다 더 좋은 답을 찾아내야만 할 거야."

"동의해, 엘리자베스." 나는 말했다. "하지만 핵심 질문이 남았어. 그다음엔 뭐지? 테러에 대한 전쟁 **너머로** 어떻게 나아가지?"

내가 그날 저녁 아직 들어본 적이 없었던 차분한 목소리로 조가 "**난** 뭘 할지 알아. 난 답이 있어!"라고 말했을 때, 엘리자베스와 나는 놀라서 서로를 바라보았다.

그는 비닐봉지에서 갈색 가죽 폴더를 꺼내 탁자 위에 놓았다. 그는 유리 잔 몇 개를 옆으로 치우고는 그걸 열었다. 그리고 한 뭉치 악보를 우리에게 보여주었다. 첫 장 위에 떨리는 손으로 쓴 큰 글씨로 이렇게 적혀 있었다.

솔로, 합창단, 오케스트라를 위한 심포니 칸타타

정신의 고귀함

월트 휘트먼의 시

작곡:

조지프 굿먼

"너한테 보여주고 싶었던 거야, 엘리자베스. 한번 봐."

그 작품은 자유와 민주주의와 미국과 시에 대한 찬가인
《풀잎》의 시구에 기초하고 있었고, 뉴욕을 찬양하는 레치
타티보와 아리아로 시작했다.

나도 맨해튼 섬 거리를 걸었지

내게 얼굴과 거리를 보여줘

날마다 새로운 얼굴과 거리를

합창이 뒤따른다:

끝없이 흐르는 사람들, 힘찬 목소리와 열정과

행렬들,

지금처럼 북소리 강렬하게 고동치는 맨해튼 거리들,

나에게 영원한 맨해튼의 얼굴과 눈들.

나의 음악 지식은 제한되어 있다. 하지만 이 거친 초안
에서, 전체 악보는 분명 아직 발아 상태에 있었던 이 초안
에서 내가 받은 인상은 맨해튼이 비가悲歌 형식으로 찬양
되고 있다는 것이었다. 시인과 자유에 관한 작품 둘째 부
분은 좀 더 관조적이고 선율적인데(안단테 그라치오소), 소
프라노와 오케스트라를 위해 쓰였다.

시인은 자유의 목소리며 해명이다.
영혼을 만족시키는 것은 모두 진리다.

자유여, 남들은 그대를 절망에 빠뜨려도,
나는 절대 그러지 않을 것이다.

위대한 이념, 완전하고 자유로운 개인의 이념을
위하여,
지도자 중 지도자 시인이 앞서서 걷는다.

그 위대한 이념을 위하여,
오 나의 형제들이여, 그것이 시인의 사명이다.

알토, 합창단, 그리고—케틀드럼과 트롬본이 여럿 있는—오케스트라를 위한 마지막 셋째 부분은 〈안녕히!〉라는 제목이 붙은 미국에 바치는 찬가였다.

> 어느 시기든 하나의 민족이 이끌어야 하고,
> 하나의 땅이 미래의 약속이자 의지할 곳이어야 한다.
>
> 미국이 약속된 일을 할 때,
> 억만 명의 최고 인간들이 미국을 걸어갈 때,
> 나는 승리에 차 정의를 선언하고,
> 타협할 수 없는 자유와 평등을 선언하고,
> 공정함의 정당성과 자부심의 정당성을 선언한다.
> 나는 장려와 위엄을 선언하여
> 이전의 모든 지상의 정치를 하찮은 것으로 만든다.

나는 호기심이 크게 동했으며, 나보다 훨씬 더 음악에 조예가 깊은 엘리자베스가 악보를 검토하고 있는 동안, 조에게 왜 이 특정 주제를 선택했는지 물어보았다.

"정신의 고귀함은 정말 위대한 이상이야! 참된 자유의 실현이지. 이 도덕적 토대 없이는 민주주의도, 자유세계도 있을 수 없어. 휘트먼의 걸작, 그의 전 비전은 정확히 이에 관한 것이지. 진리, 사랑, 아름다움, 선함, 자유에 대한 탐구로서의 삶. 인간 영혼의 함양을 통한 인간되기 기예로서의 삶. 이 모든 것을 표현하는 것이 인간 존엄의 구현인 '정신의 고귀함'이야. 휘트먼을 읽은 적 있어? 없어? 그럼 그의 《민주주의 전망》에서 시작해. 미국에 대한 뛰어난 주석이고, 또 《풀잎》의 시적 전망에 대한 일종의 철학적 입문서야. 현재의 미국을 엘리자베스가 비판한 건 옳아. 나의 미국, 나의 위대한 나라는 미국에 대한 휘트먼의 전망이야. 그리고 그의 《전망》은 미국의 이념과 미국의 현실 사이의 간극에 대한 최선의 분석이야. 휘트먼은 체계, 정치제도, 투표할 권리 이런 것들 자체가 참된 민주주의를 위해 충분하지 않다는 걸 이미 알고 있어. 휘트먼이 주장하듯이, 민주주의의 목적은 최고의 자유가 법이 되는 것이고, 그러면 선함과 덕이 뒤따를 거야. 정치적 자유만으로는 충분치 않아. 어떤 다른 정신적 분위기가 도래해야만 해. 문학의 시대가 출현해야만 해. 참된 시인은 참된 자유를 가르쳐. 진정한 자유교육^{liberal education}은 바로 정신의 고귀함의 본질을 교육하는 것이야. 휘트먼은 미국인들의 정신에 가장 큰 확신을 가지고 있었어. 나 역시 그래. 이 작품, 내 음악을 가지고서 나는 휘트먼의 정신을 소생시키고 싶어. 미국인들이 세계 안에서 자신들의 사명을 깨닫게 만들고 싶어."

조는 엘리자베스에게로 고개를 돌렸다. "엘리자베스, 나 너한테 부탁한 적 한 번도 없지. 하지만 만약 내가 그 정신의 고귀함에 새로운 목소리, 인간 심장을 건드릴 목소리를 부여할 수 있다면, 그걸 공연할 수 있게 도와줄 거야? 아무도 날 알지 못해. 하지만 너는 이 일을 할 수 있어. 넌 알려져 있잖아. 도와줄 거야?" 나는 60년의 우정에서 그녀에게 그 무엇도 부탁한 적이 없고 그 어떤 도움도 수용한 적이 없는 이 자존심 강한 남자가 그에게 초월적 중요성을 갖는 어떤 것에 생명을 불어넣기 위해 지금 그녀에게 지원을 구하고 있다는 사실에 그녀가 얼마나 감동을 받았는지 그녀의 얼굴에서 볼 수 있었다. 조에게 그 작품은 또한 그가 이 지구상에 살았다는 예술적 증거, 실로 유일한 증거였다. 그의 부모는 죽었고, 그의 유일한 아이도 죽었고, 아내는 사라졌고, 서점도 없어졌다. 그리고 인생의 많은 세월 동안 그는 바다 위 항해자였다. 그의 칸타타, 정신의 고귀함에 대한 그의 찬가와 더불어, 그를 살아남게 해줄 하나의 작품이 존재하게 될 것이다.

엘리자베스는 그의 뺨에 키스를 하고 속삭였다: "날 믿어."

그의 창백한 얼굴이 아주 붉어졌으며, 격렬한 동요를

막기 위해 그의 왼손이 머리를 어깨로 단단히 밀고 있는 상태에서, 그는 악보를 모으고 갈 준비를 했다.

"왜 가려는 거야?" 엘리자베스가 물었다.

"오늘 수요일이야. 라디오에서 데이비드 듀발의 피아노 프로그램을 꼭 듣거든. 하지만 고마워, 엘리자베스. 곡을 완성하면 곧바로 전화할게."

"조, 기다려, 택시 같이 타자!" 하지만 그는 응답하지 않았다. 나는 그에게 토마스 만에 대한 내 에세이를 보내주고 싶다고 말했다. 그는 사서함 번호와 에밀리오 콘티티라는 이름을 카드 위에 썼다.

"이게 내게 우편물을 보낼 가장 좋은 방법이야. 자유의 땅에서 좋은 시간 보내."

세 걸음 못 가서 그는 돌아서서 내게 말했다. "너의 텍스트에는 각주가 없기를 바라. 나는 각주가 정말 싫어!"

나는 그를 안심시켰고, 그는 떠났다.

"각주에 무슨 문제가 있는 거야?"

"웃기는 일이야. 한번은, 오래전에, 그가 음악가로 살려고 노력하고 있을 때, 어떤 음악과에서 초빙 강사로 초청을 받았어. 그는 아마 자리를 잡을 수 있겠다는 희망을 품고 있었을 거야. 하지만 표준 학술 규정을 준수하지 않아서 스스로 그걸 불가능하게 만들었어. 그때 이후로 조는 각주를 학술 부조리의 핵심으로 간주해왔어."

엘리자베스는 웃어야만 했다. 하지만 각주에 대한 친구의 이상한 혐오보다 더한 것을 놓고 그녀가 명랑하다고 해도 나는 놀라지 않았을 것이다.

5

2001년 11월 말 네덜란드로 돌아와 나는 엘리자베스의 넥서스 강연 때 그녀의 아버지에게서 내가 배운 것에 대한 헌사로 네덜란드에서 출간한 에세이《토마스 만의 탐구》영역본을 조에게 보냈다. 그와 만난 것을 내가 얼마나 고맙게 여기는지를 말하고, 휘트먼의《민주주의 전망》독서가 얼마나 즐거웠는지를 말하려고 보낸 것이다. 그의 시인과 나의 작가는 분명 공통점이 많다고 나는 썼다.

2002년 1월 7일, 넥서스 연구소의 내 우편물에서 갈색 봉투를 발견했다. 그 안에는 (전설적인 스트랜드 서점에서 구입한) 휘트먼의《풀잎》중고본이 들어 있었다. 이제는 친숙한 그 떨리는 손글씨로 조는 헌사를 썼다. "미국의 남자. 정신의 고귀함의 계속을 위해." 헌사와 함께, 만과 휘트먼 사이에는 실로 심오한 정신적 관련성이 있다고 적은 짧은 메모가 적혀 있었다. 그리고 조는《풀잎》에 대한 휘트먼의 설명을 덧붙였다. "오늘날 상상력의 참된 용도는 사실들, 과학, 공동의 삶에 생기를 부여하는 것이다. 즉 실재적인 모든 것에 들어 있고 오직 실재적인 것들에만 들어 있는 불빛과 영광과 궁극의 눈부심을 그것들에게 부여하는 것이다. 그러한 궁극적인 생기부여가 없다면—그런데 이는 시인과 여타 예술가들만 할 수 있는 일인데—현실은 불완전해 보일 것이고, 과학, 민주주의, 그리고 삶 그 자체는 결국 헛될 것이다." 조는 이렇게 끝을 맺었다: "한마디로 말해서, 사실들은 과학자를 위해 좋지만, 우리는 진리를 써야만 해! 잘 쓰고, 잘 있어. 너의 친구, 조."

리버 카페의 저녁 식사 후 정확히 두 달이 되는 그날 늦게 나는 엘리자베스에게 내가 우편으로 무엇을 받았는지 말해주려고 전화를 걸었다. 그녀가 전화를 받는 순간, 나는 그녀가 흔들리고 있음을 목소리로 알 수 있었다. 엘리자베스는 조가 그 전날 뇌출혈로 죽었다는 소식을 단지 몇 시간 전에 들었다. 조의 이탈리아 친구는 센트럴파크에 있는 그들이 늘 앉던 벤치에 조가 없어 걱정이 되어 그의 집으로 갔다. 그리고 이미 죽어 있는 그를 발견했다. 엘리자베스는 에밀리오에게 내가 그녀에게 한 질문과 같은 질문을 했다. "작곡은 끝났어? 〈정신의 고귀함〉을 완성했어?" 대답은 비극적이었다. 조는 새로운 우울증 상태에서 원고와 노트를 모두 파괴했다.

"그 모든 소식이 정말 유감이다, 엘리자베스. 조에게 날 소개시켜줘서 고마워. 조는 위대한 사람이었어."

"**위대한** 사람이었다고는 생각하지 않아. 그는 고귀했어. 그는 그만의 방식으로 친구였어. 또한 천재였지. 조는 언제나 가장 눈부시고 독창적인 생각을 가지고 있었어. 그가 너에게 휘트먼의 이상들을 이야기하고 있을 때, 나는 악보 초고를 보고 있었어. 걸작이 될 수 있었지. 조 자신의 영감을 그가 그토록 존경했던 대가들의 작품에서 가져온 모티브와 아주 특별하게 섞어놓은 걸작. 둘째 부분 기억하니? 그게 칸틸레나였다는 거 알았어? 우리가 아직 함께 피아노를 공부하고 있을 때 조가 사랑에 빠졌던 멜로디에 부분적으로 기초하고 있다는 건 아주 확실해. 젊은 베토벤이 작곡한 〈요제프 칸타타〉에 있는 칸틸레나. 덜 알려지긴 했지만 장려한 곡이지. 멜로디는 잊을 수 없이 아름다워. '빛'이 내는 목소리지. 조는 그것을 이용해서 자유라는 위대한 이념을 인류에게 가져다주는 시인을 칭송해. 마무리 찬가에서 그가 사용하려고 했던 것 역시 똑같이 아름다웠어. 미국을 칭송하는 바로 그 노래에서 조는 브람스의 〈알토랩소디〉 마지막 부분에서 가져온 모티브를 이용했어. 그런 방식으로 그 음악은 휘트먼의 텍스트에서 비애감을 벗겨냈지. 자유와 정의의 땅으로서 미국은 더 이상 확고한 현실이 아니었고, 갈망의 행위, 심오한 희망이었지."

"왜 그 모든 걸 파괴했을까? 이해를 못하겠어."

"내가 말했듯이, 조는 위대한 사람이 **아니었기** 때문이야. 한 작품을 완성하는 데는, 내 아버지가 언제나 말했듯이, 'durchhalten', 'Ausdauer'가 필요해.⁴ 영어로는 뭐라고 하지? Endurance. 어쩌면, 하지만 실제로 올바른 번역은 아니야. 그렇기는 해도, 여하튼 조는 그런 종류의 성격, 그런 힘을 가지지 않았어. 그는 결코 그 자신의 악령들을 물리치거나 다룰 수가 없었어. 동시에 위대한 예술이 아닌 어떤 것을 남기고 떠나기에는 자존심이 너무 강했고 두려움이 너무 컸어. 그래서 그는 아무것도 없이, 전적으로 아무것도 없이 끝을 맺었지…… 그건 그렇고, 너 조의 작업 계속할 거지?"

"나? 〈정신의 고귀함〉?"

"그래. 그게 바로 조가 너한테 해달라고 청한 거야. 바로 그 때문에 조는 너에게 아끼는 책을 보내준 거야. '정신의 고귀함의 계속을 위해.'"

"하지만 난 음악 쓰는 법 몰라."

"왜 음악? 넌 어쨌든 작가잖아."

"그래, 하지만 휘트먼에 대해 아무것도 몰라. 그리고 조와는 달리 미국인도 아니잖아."

"이건 휘트먼 그 이상의 것이고 미국 그 이상의 것이야. 9·11의 공포, 21세기의 이 무시무시한 시작으로 모든 살아 있는 인간은 인간 존엄이 내기에 걸려 있다는 걸 자각해야만 해. 그 점에서 조는 전적으로 옳았어. 그리고 그것은 나의 세기, 20세기가 우리에게 가르쳐준 가장 중요한 교훈이야. 나의 아버지는 정신의 고귀함이 인간 역사를 위한 유일한 교정책이라'고 말한 적이 있어. 이 이상이 사라지는 곳이면 그곳이 어디든 문화도 함께 사라지지. 너는 나의 아버지 작업을 알고 있지. 아버지 또한 전 인생을 이이상을 가지고 투쟁하는 데 보냈고, 가장 중요한 작품들을 그것에 바쳤어. 그의 행로를 뒤따라. 그의 발자취를 따라가. 오래된 이상이 우리 시대, 21세기에 유의미한 것이되게 해줘."

"할 수 있을지 모르겠어."

"있잖아, 너는 해야 해. 그리고 조를 기쁘게 해주려면, 각주 없이! 다만 '시'와 '진리'를 얼마간 넣어서. 그 정도면 괴테한테도 충분할 거야."[5] 그녀는 이 말을 하고는 자기가 웃지 않을 수 없었다.

"알겠어. 하여간 리버 카페에서 있었던 우리 식사는 기억할 만한 것이었어. 나는 절대로 못 잊을 거야."

"맞아, 잊을 수 없는 저녁이었지. 네 책에서 그걸 언급해도 되겠다. 조를 특별히 언급해줘. 조는 그럴 자격이 있어. 그러면 조가 있을, 적어도 한 곳은 있는 거지."

"우리가 만난 날짜는 상징적인 날짜기도 해."

"상징적? 어떤 식으로?"

"르네상스 시기에, 11월 7일은 플라톤의 탄생과 죽음의 날짜들이 기념되는 날이었어. 철학자들은 모여서 플라톤의 정신으로 좋은 대화를 나누곤 했지."

"있잖아, 플라톤적인 전통 속에 있다는 건 좋은 일 같아. 그건 그렇고, 우리의 다른 대화를 계속하기 위해서 스위스에서 다시 만날까?"

6

엘리자베스는 스위스에 갈 계획을 하고 있었다. 그녀는 매년 그곳에 스키를 타러 갔다. 내 아내이자 넥서스 연구소 파트너인 키르스텐과 나 역시 장크트모리츠로 갈 예정이었다. 다른 것도 있겠지만, 거의 여든셋 먹은 그 노인은 우리에게 스키 타는 법을 가르쳐주겠다고 했다. 그녀는 그녀보다 어린 세대인 우리가 스키 타는 법을 모른다는 데 놀란 것이다. 그렇지만 나는 그녀가 "우리의 다른 대화"라고 부른 것의 속편에 더 관심이 있었다. 조가 리버 카페를 떠난 뒤, 그녀는 백에서 봉인된 두툼한 봉투를 꺼낸 뒤 말했다. "깜짝 선물이야. 호텔로 돌아가 열어봐. 그리고 내일 나한테 전화해."

하지만 1월 7일의 긴 전화 대화는 결국 우리의 마지막 대화였다. 키르스텐과 나는 스위스에 가지 않았다. 출발 예정 일주일 전, 엘리자베스는—전혀 병든 적이 없었는데—갑자기 폐렴으로 쓰러졌다. 그녀가 십대 때 피아니스트 경력을 꿈꾸었고 그녀의 부모 토마스와 카챠 만이 인생의 마지막 해들을 보냈던 나라에서, 그녀는 2002년 2월 8일 죽었다. 그녀 역시 취리히 호수 근처 킬흐베르크에 있는 가족 묘지에 묻혔다.

스위스에 가는 대신, 나는 집에 머물렀고, 토마스 만의 책들과 그의 정신적 우주에 둘러싸여 내 서재에 앉아 있었다. 엘리자베스와 나눈 마지막 대화를 마음에 두고서, 나는 괴테의 자서전 《시와 진리》를 뒤적였다. 그러고는 괴테가 어떻게 인생의 끝을 향하던 1824년, 유명한 독일 인간주의자 울리히 폰 후텐의 편지와 조우하게 되었는지를 묘사하는 일화에서 멈추었는데, 분명 우연은 아니었다.

(1518년 10월 25일 썼고 친구 빌리발트 피르크하이머에게 부친) 그 편지에서, 폰 후텐은 자신이 귀족[6]인 걸 상관하지는 않지만, 그의 귀족 혈통에도 불구하고, 그 칭호를 그

스스로 얻어야 한다고 느낀다는 말을 한다. 그런 것은 "우연에 좌우되고 있고 있음을 우리는 알고 있지. …… 나는 특별한 귀족의 신분을 퍼 올릴 수 있을 하나의 샘물을 다른 곳에서 찾고자 하네."[7] 그 편지는 (다시금) 문학의 고귀함nobilitas literaria이라는 이념, 즉 참된 고귀함은 정신의 고귀함이라고 하는 이념이 태어난 시기에 쓰인 중요한 문서다. 고전과 학문은, 하지만 아름다움과 형식 또한, 정신을 고귀하게 만들기 위해, 인간 존재들이 자신들의 지고의 존엄을 발견하도록 해주기 위해 존재한다. (발다사레 카스틸리오네의 《궁정론》과 스프레차투라를 위한 그의 항변은 이 동일한 시기로 거슬러 올라간다.)

3세기 뒤 괴테는 이 편지를 읽고는 그 편지가 괴테 자신의 시대를 위해 갖는 중요성 때문에 너무나도 크게 감동을 받았고, 그래서 편지의 상당 부분을 자서전에 실었다.

나는 편지의 그 부분을 읽고 또 읽었다. 하지만 왠지 납득이 되질 않았다. 더구나 내 안에서는 그의 입장에 대한 어떤 짜증이 일어나고 있었다. 정신의 고귀함은 지식의 이상인가?[8] 조는 심포니 칸타타에서 **지식**의 한 형태에 관심을 두었던 것일까? 엘리자베스가 21세기에 다시 유의미한 것이 되어야 한다고 믿었던 것이 16세기 **지식**의 이상이었을까? 그녀의 아버지의 작업은 내게 교양Bildung의 중요성을 가르쳤다. 하지만 그 위대한 저자는 또한 상당한 지식을 소유한 바로 그 사람들, 즉 지식인들이 저지른 배반에 속속들이 친숙해 있었다. 아니, 정신의 고귀함은 16세기 지식의 이상보다 더 나아간 것이어야 했다. 조는 그것을 알았다. 토마스 만은 그것을 알았다. 그리고 나는 괴테 자서전 앞부분에서 시작했다면 괴테 역시 알았다는 것을 이해했을 것이리라. 왜냐하면 괴테는, 네덜란드 유대인 철학자 바뤼흐 데 스피노자의 단 한 권의 책《에티카》덕분에, 정신의 고귀함의 본질이 무엇에 있는지를 아주 일찍 배웠으니까.[9] 신과 인간 본성과 인간 정신에 관한 이 1677년 저작에서 괴테는 참된 행복, 자유의 참된 의미, 삶의 올바른 방법에 대한 그의 물음들에 납득할 만한 답을 발견했다. 괴테에게서 이 책의 힘은, 단지 수학적 정확성과 명료함을 가지고 진술된 논증에 있었던 게 아니라, 책의 저자가 엄격하고 고결한 삶의 원칙들에 따라 삶을 빚어내는 데 성공했다는 사실에 있었다.

괴테가 스피노자에 관해 썼던 모든 것을 읽었을 때 내게 분명해지는 것이 있었다. 즉 뉴욕에 도착했을 때 조와 엘리자베스를 맞이한 '거대한 여자', 자유의 여신상은 저 네덜란드 철학자의 정신적 딸이었다. "그 행로를 뒤따라!" 엘리자베스가 내게 말했다. 뉴욕도 스위스도 독일도 아니고 바로 나 자신의 나라 네덜란드에서 나는 삶의 망각된 이상을 진지하게 추구하기 시작했다. 이어지는 몇 주 동안 나는 정신의 고귀함을 그처럼 대단하게 그 자신의 것으로 만든 그 남자의 저작을 읽었다.

7

바뤼흐 데 스피노자는 스물두 살 때 진리를 탐구하고 진리 안에서의 삶을 추구하는 데 여생을 바치기 위해 그가 자라난 상업적 환경을 떠난다. 왜?《윤리학》을 위한 예비적 연구로서 읽을 수 있는 짧은 미완성 논고《지성 개선론》에서 그는 자신의 선택을 설명한다. 경험이 그에게 일상생활에서 생기는 거의 모든 것들은 공허하고 무익하다는 것을 가르쳐주었다. 불가피하게도, 인간이 참되고 좋은 삶을 살 수 있도록 해줄 인간이 붙잡을 수 있는 어떤 참되고 지속적인 좋은 것이 있는지에 대한 질문이 생겨난다. **이런** 종류의 삶은 '부, 명예, 감각적 쾌락'에 대한 굶주림이 사람들을 인도하는 사회와의 근본적인 단절을 의미한다는 것을 그 젊은 남자는 아주 잘 알고 있다. 하지만 그는 이러한 욕망들이 항구적인 행복과 정신의 평화를 결코 가져올 수 없다는 것을 이미 알고 있었다. 더구나 그는 몰두하고 있는 사유, 진리와 올바른 삶의 방법이 무엇인지를 이해하려는 노력이—아무리 짧은 기간 동안이라고 하더라도—그가 추구하는 평온과 기쁨을 그에게 가져다주는 경험을 이미 해보았다. 본질적인 만큼이나 단순한 거의 신체적인 이 경험은 스피노자에게 그의 여생을 결정하는 두 가지 통찰을 제공한다.

정신은 인류가 소유하는 최대의 선물이다. 스스로 생각함으로써, 그 누구든 참으로 지속적으로 좋은 것과 친숙해질 수 있으며 그에 따라 살 수 있다. 따라서 최선의 삶은 전적으로 사유에, 지혜의 사랑에 바쳐진다. 친구에게 보낸 편지에서 스피노자는 고백한다. "모든 사람이 자기 좋은 대로 살라고 하자. 내가 진리를 위해 살 수 있는 한에서." 동시에, 그는 진리와 자유가 항상 뒤얽힌다는 것을 깨닫는다. 자유롭지 않은 사람은 진리 안에서 살 수 없다. 암스테르담의 유대인 공동체가—단지 그의 생각 때문이 아니라 삶에 대한 그의 태도 때문에—그에게 부과하는 금지는 스피노자에게 추가적인 자유 형태다. 즉 종교적 광신의 압제로부터의 자유. 광신 상태에서는 독립적으로 생각하는 것이 허용되지 않으며, 퇴보가 지지받으며, 다르게 생각하는 사람에 대한 증오가 배양된다. 오래지 않아 스피노자는 이러한 제약들이 온갖 형태의 근본주의의 일부라는 것을 배우게 된다.

종교와 돈의 권력에서 해방되어 그는 이후로는 "진리와 자유를 위해 살" 것이다. 다시는 둘 중 어느 하나에도 불충실하지 않을 것이다.

독일 선제후로부터 받은 저명한 학교의 철학 교수직 초빙은 그에게 돈과 명망과 권력을 보장한다. 그 초빙은 한 가지 약속을 포함하고 있다. "당신은 철학할 충분한 자유를 갖게 될 것이다. 하지만 우리는 당신이 국가에 의해 확립된 종교를 교란하는 데 이를 남용하지 않을 것이라고 믿는다." 스피노자는 그 품위 있는 제안을 받아들이지 않겠다는 것을 정중하지만 확고하게 답장으로 알린다. 그는 교수직이 다만 삶의 목표를 달성하려는 그의 노력을 좌절시킬 수도 있다는 것을 알고 있다. 참된 사고는 독립을 요구한다. 권력과 돈은—역설적으로 보이겠지만—이 자유에 대한 제약들과 다름없다.

그렇지만 스피노자는 자신의 행복에만 관심이 있는 게 아니다. 반대로 그는 참되게 좋은 것을 위해 분투하는 사람들은 타인들의 불행에 기뻐할 수 없다고 믿는다. 게다가 진리와 자유가 인정되지 않는 사회는 궁극적으로 존재하기를 멈추게 될 것이다. 참된 행복은 지혜와 진리에 대한 앎 속에서만 존재할 수 있다는 것과 그러한 앎이 인간 지성을 통해서만 획득될 수 있다는 것을 그는 《에티카》를 통해 증명한다. 하지만 편견, 불관용, 권력을 가진 신학자와 설교가들의 증오 때문에 생전에 그 저작을 계속해서 출간하지 않는다. 그는 가명으로긴 하지만 《신학정치론》은 실제로 출간한다. 여기서 그는 정치적 자유는 사람들이 참된 행복을 발견할 수 있는 사회를 위한 기본 조건임을 주장한다. 그는 책의 속표지에서 책의 핵심을 요약한다. "철학할 자유가 경건함과 국가의 평화에 해가 됨이 없이 허용될 수 있을 뿐 아니라 국가의 평화와 경건함이 이 자유의 억압에 의해 위험해진다는 것을 보여주는 다양한 논고들을 포함하는." 사상의 자유, 의견의 자유, 관용은 정치의 목적이어야만 한다. 이것은 국가 그 자체에 똑같이 중요하다. "국가에게 있어 고결한 사람들이 감출 수 없는 다양한 의견을 지니고 있기 때문에 범죄자처럼 추방되는 것보다 어떤 더 큰 불운을 생각할 수 있겠는가?" 그러므로 스피노자는, 이 1670년 저작에서, 민주주의는 이 자유를 가장 잘 보호하는 정부 형태라고 결론을 내린다.

2년이 지나지 않아, 1672년 8월 20일, 네덜란드 공화국의 지도자였던 요한과 코르넬리스 드 비트 형제는 헤이그에서 살해당한다. 칼뱅파 설교가들에게 선동된 범행자들은 오라녜 공의 지지자들인데 형제를 교수대에 매달고 시체를 잘라서 기념품으로 판다. 요한 드 비트의 큰 흠모자이며 자신의 상대적인 정치적 자유가 공화국의 존재 덕분임을 알고 있는 스피노자는 소름이 끼친다. 그는 좀처럼 그의 감정이 그를 이기도록 놓아두지 않는다. 하지만 지금, 헤이그의 거주자로서, 그는 살인이 일어난 현장에 가서 단 두 단어로 된 플래카드를 붙이려고 한다: "극도의 야만$^{Ultimi\ barbarorum}$." 집주인은 그가 가는 걸 막고 문을 잠근다. 피에 굶주린 군중은 자유를 사랑하는 그 철학자 또한 분명 죽였을 것이리라.

사람들이 자유의 본질이 무엇인지 더 이상 알지 못한다면, 민주주의의 미래, 정치적 자유의 미래는 무엇이겠는가? 사람들이 더 이상 생각하지 않고, 더 이상 이성이 자신을 인도하게 하지 않고, 미신과 두려움과 욕망의 노예가 될 때……

《에티카》의 마지막 부는 스피노자가 철학적 작업과 삶을 통해 얻은 가장 중요한 통찰 중 하나를 보여준다. 자유의 본질은 존엄 그 자체와 다름없다. 인간이 되라는 부름을 따를 줄 아는 사람들, 자기 자신이 욕망이나 부나 권력이나 두려움에 사로잡히도록 허락하지 않고 그 대신 지속적으로 참되게 좋은 것을 자기 자신의 것으로 만드는 데 성공하고 자유와 진리가 자신을 인도하도록 허락하는 사람들—오로지 그들만이 자유의 참된 의미를 안다. 스피노자는 《에티카》를 마음을 뒤흔드는 말로 끝맺는다. "이제 여기에 이르는 것으로 내가 제시한 길은 매우 어렵게 보일지라도 발견될 수는 있다. 또한 이처럼 드물게 발견되는 것은 물론 험준한 일임이 분명하다. 만일 행복이 눈앞에 있다면 그리고 큰 노력 없이 찾을 수 있다면, 그것이 모든 사람에게서 등한시되는 일이 도대체 어떻게 있을 수 있을까? Sed omnia praeclara tam difficilia, quam rara sunt: 그러나 모든 고귀한 것들은 힘들 뿐만 아니라 드물다."[10]

스피노자가 자유에 관해 괴테에게 가르쳐준 것은 바로 이것이다. 그리고—드문 만큼이나 예외적인—이 자유, 이 삶의 이상을 그 박식한 시인은 정신의 고귀함이라고 불렀다.

* * *

토마스 만은 평생 괴테를 읽었다. 인생 막바지 그는 그의 친구가 된 책들, 그의 동시대인이 된 대가들에 관해 그가 쓴 에세이들을 모았다. 쇼펜하우어, 톨스토이, 폰타네, 레싱, 세르반테스, 프로이트, 그리고 무엇보다도 괴테. 이 모음집의 제목은 《정신의 고귀함: 인류의 문제에 대한 열여섯 편의 에세이》. 그때가 1945년이었다. 이토록 씁쓸한 제목도 없을 것이다. 그때 이후로, 우리는 정신의 고귀함에 대해 좀처럼 듣지도 읽지도 못했다. 정신의 고귀함에

대해 말하는 것은 같잖은 일이 되었으며, 이상 그 자체는
망각되었다.

정신의
고귀함

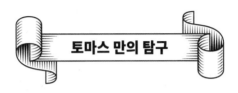

토마스 만의 탐구

그러니 너 자신을 알아라. 신을 살피려 하지 말아라.
인류의 적정한 연구 과목은 인간이다.
—알렉산더 포프, 〈인간론〉

1

1939년 9월 1일 정오, 또 다른 전쟁이 유럽에서 발발했다
는 소식을 라디오가 발표했을 때, 토마스 만의 아내와 딸
은 이 뉴스로 그를 방해해야 할지 생각한다. 그는 여전히
글을 쓰고 있다. 그가 작품을 창조하는 '성스러운 시간'은
아직 지나가지 않았다. 방해받는 것보다 더 그를 방해하
는 것은 없다. 그리고 그 두 여자는 그를 방해받게 해주기

로 결심한다.

"시간을 움켜잡아라! 시간을 이용해라! 매일, 매시간을 유념하라! 네가 유념하지 않는다면, 시간은 너무 쉽고도 빨리 도망가버릴 수 있다." 그의 일기에 나오는 이 자기 훈계는 어떻게 많이 그의 멘토 괴테의 확신, 즉 시간은 우리의 가장 소중한 소유물이라는 확신을 공유하고 있는지를 보여주는 수많은 예증 가운데 하나일 뿐이다. 그가 매일의 의례에 부여하는 가치는 그래서다. 7시에 일어나 커피와 아침을 먹는다. 9시에, 서재의 고요함으로 은거한다. 거기서, 그가 사는 어디로든 그와 함께 여행한 마호가니 책상에 앉아, 그는 매일의 벌과^{pensum}를 한다. 1시에 점심, 신문, 그리고 산책. 그 뒤로는 편지 쓰기와 공부하기. 5시에 차를 마시는데, 그때 그는 친구를 맞는다. 저녁 식사 후 음악이나 책 더 읽기, 그리고 잠자리에 들기 전 그는 그가 하루를 보낸 방법을 설명하기 위해 일기에 글을 쓴다.

죽기 3년 전 출간된 짧은 에세이 〈덧없음 찬미〉[11]에서만은 그가 시간을 존중하는 이유를 밝힌다. 그가 쓰기를, 이 선물은 축성되어야만 하는데, 왜냐하면 그것은 우리의 가장 본질적인 재능을 발전시킬 기회를 제공하기 때문이다. 바로 이 재능과 더불어서 우리는, 특히 예술가들은 덧

없는 것에서 불멸적인 것을 추출하려고 노력한다. 시간은 자기 달성을 위해 끊임없이 분투해야 할, 우리가 마땅히 되어야 하는 개인들로 성장해갈 공간이다. 이러한 공언은 성 아우구스티누스가《고백록》에서 모든 사람이 매일 세 가지—우리는 누구인가, 우리는 무엇을 아는가, 우리는 무엇을 원하는가—를 성찰해야 한다고 한 것의 반향 이상이다. 그것은 또한 왜 파우스트가 큰 죄를 저질렀음에도 불구하고 여전히 구원받을 수 있는가라는 물음에 괴테가 했던 대답에 대한 그의 믿음을 표현한다.

> 언제나 열심히 애쓰는 자,
> 그를 우리는 구원할 수 있다.[12]

하루라도 나태하게 지나가게 할까봐 평생 두려웠던 이 남자, 매일 아침 완전히 집중해서—심지어 세계대전이 발발했을 때도, 그리고 아들이 자살했을 때도—집필했던 이 남자는 자신의 노동을 윤리적 헌신으로 보았으며 그의 근면함이 그의 실존을 정당화하기를 독실하게 희망했다.

1950년 6월 6일, 만은 75세가 되고, 이를 기념하여 미국과 유럽의 다양한 도시에서 강연을 할 예정이었다. 그는 그해 2월—속죄와 자비의 기억에 관한 소설인—《선택받은 자》 원고를 제쳐놓고, 발표 주제를 생각한다. 처음에 그는 인류에 대한 쇼펜하우어의 견해 속의 **비관주의**에 대해 이야기하기로 계획한다. 1938년 이후로 미국에서 망명자로 살면서 만은 전쟁 이후의 정치적 전개들에 너무나도 실망을 했고, 그래서 그 주제는 적절해 보인다. 하지만 아내 카챠는 이 결함 있는 세기 중앙에 있는 이 생일이라는 기회를 좀 더 "개인적이고 일반적인" 강연을 위해 이용하라고 촉구한다. 그다음 날, 그는 일기에 이렇게 쓴다. "강연은 개인적, 역사적, 자서전적인 것이 되어야 한다." 닷새 후 이렇게 쓴다. "쇼펜하우어 주제는 너무 학술적. '내 인생의 세월들'이 더 낫다."

인생에서 일찍이 만은, 그의 삶이 교육적 가치를 가질 수도 있겠다는 생각은 말할 것도 없고, 그가 인류에게 무언가를 가르칠 수도 있겠다는 생각을 이미 거부했다. 그는 자기 자신의 삶의 부침에 주로 관심을 갖는 고독한 예술가 아니었던가? 1919년 본대학교로부터 명예 박사학위를 받았을 때, 그는 서둘러 감사의 편지에 이렇게 썼다. "나는 학자도 '교사'도 아닙니다. 오히려 자기 자신의 삶을 구하고 정당화하는 데 열중하는, '사람들을 개선하고 설득할 무언가를 가르칠' 수 있다고 믿지 않는, 몽상가이며 회의론자입니다." 하지만 그건 그때였다. 그것은 그가 바

그녀보다는 괴테를 모델로 선택하기 전이었고, 자신의 대표 역할을 완전히 자각하면서 노벨상 수상자로서 삶을 계속 이어가기 전이었고, 1938년 망명자로서 미국에 와서 도착하자마자 "내가 있는 곳에 독일 문화가 있다"라고[13] 조금의 반어법도 없이 선언하기 전이었다. 세 편의 기념비적인 유럽 소설—《마의 산》, 《요셉과 그 형제들》, 《파우스트 박사》—의 창조자이며 1920년대 초부터 계속 국가사회주의 반대자였던 그가 그의 친구들에게 '정신적 공화국의 대통령'으로 알려진 데는 이유가 없지 않았다. 그는 자신의 정신적 유언장을 작성할 때가 왔다는 걸 깨닫는다: 그가 배운 것에서 인류는 무엇을 배울 수 있을 것인가. 다시 한 번 카챠는 옳다. 그의 자서전은 이제 교육적일 수 있었다. 그의 인생 경험과 그의 시대에 비추어, 그는 세계에 대해, 그리고 시간의 들판을 경작하라고 세계를 선사받은 유일한 피조물인 인간 존재에 대해 이야기하고자 했다.

2

강연에서 그 노인은 다사다난한 인생에서 언제나 인류에게 충실했다고 진심을 다해 주장할 수 있었다. 심지어 그가 독일성의 우월함을 여전히 믿으면서 민주주의를 비판하고 문화와 정치의 분리의 위험들을 부인했을 때조차도. 그때는 제1차 세계대전의 시기였다. 국가주의를 칭송하는 세 편의 글을 씀으로써 그는 음유시인처럼 독일 병사들과 동반했던 예술가들의 긴 행렬에 합류한 바 있었다. 하지만 이 전쟁과 더불어 폭발한 유럽 문화의 위기로 인해서, 원래 유머스러운 중편소설로 의도되었던 《마의 산》을 계속 방해받지 않은 상태로 작업하는 것은 사실상 불가능해졌다. 그가 그의 저작의 정신적 토대라고 간주해왔던 모든 것이 더 이상 자명하지 않게 되었다. 인류의 본질은 무엇인가? 사회는 어떤 가치들을 보호해야 하는가? 사회에서 예술의 역할은 무엇인가? 그 자신의 예술가적 실존의 도덕적 토대는 무엇이어야 하는가?

이 모든 질문들은 관련되어 있다. 그리고 젊은 작가로서 만은 그의 저작의 도덕적 기둥에 관해 새로운 명료성을 성취하지 않고서는 그의 예술적 게임의 실행을 정당화할 수 없다. 인류, 예술, 사회에 대한 그의 관념들을 세심하게 분석해야 할 필요는 1915년 강화되며 개인적인 문제가 된다. 그의 형제 하인리히가 만의 정치적 입장 때문에 만을 공적으로 신랄하게 비난한 것이다. 이미 자신이 실제로 생각하고 있는 것에 의심을 품고 있는 상태에서, 이제 깊은 상처를 입고서—그는 가장 가까운 그 형제에게

7년 동안 말을 하지 않는다—토마스 만은 자신을 방어하기로 결심한다. 긴장되고도 쓰라린 심정으로 그는 전쟁 시기를《비정치적인 인간의 성찰》을 쓰는 데 보낸다.

이《성찰》을 쓰기 시작할 때, 그는 제1차 세계대전이 권력에 관한 충돌이 아니라 정신적 이념들에 관한 충돌이라는 걸 확신했다.

그는 '독일 문화'가 위협을 받고 있다고 믿는다. 이 유산은 사회적 헌신보다는 자유교육을 통한 개인적 성장을 더 가치 있게 여기며, 자유를 정치적 자유보다는 내적인 정신적 자유로 간주한다. 인간의 행복은 사회적 문제가 아니라 형이상학적이고 종교적인 문제다. 개인적 윤리가 사회적 제도보다 더 중요하다.

그는 이 유산이 문명문사들Zivilisationsliteraten에 의해, '정신의 정치화'를 통해 위협받고 있다고 본다. 문명문사들은(만의 이 신조어는 번역 불가능한데[14]) 모든 행복이 정치 이데올로기와 사회제도에서 기인한다고 선언한다. 따라서 인간 행복은 형이상학적이거나 종교적인 쟁점이 아니라 정치적 문제다. 그들은 완벽한 사회와 완벽한 개인의 존재를 믿는다. 만에게 가장 혐오감을 주는 것은 바로 이런 생각이다. 그것은 그가 실존의 본질로 간주하는 것—죽음, 인간의 한계, 아무 대답도 마련되어 있지 않은 질문을

가진 피조물로서의 인간 존재—의 부인을 의미한다. 바로
그렇기에 만은 〈파르지팔〉을 사랑한다. 이 바보만큼 순진
하지는 않더라도, 우리 모두는 추구자, 의심자가 됨으로써
우리의 실존에 실로 경의를 표하는 것 아니겠는가? 인간
실존은 구성될 수 없다. 정치는 우리에게 행복을 약속해
서는 안 된다. 정치적 사유는 삶의 물음들을 해결할 위치
에 있지 않다. 만이 보기에, 오로지 자유교육, 윤리, 종교,
그리고 예술만이 이 탐구에서 우리를 인도할 수 있다.

하지만 문명문사들이 선전하는 '새로운 시대'는 더 심
화되는 평준화, 비속화, 우둔화로 이어질 뿐이라고 이 작
가는 단정한다. 내면의 성장을 위한 여지, (괴테의 관점에서
존경, 신성한 것에 대한, 대지에 대한, 우리의 동료 인간들에 대한,
그리고 우리 자신의 존엄에 대한 존경으로 이어지는) 자유교육
을 위한 여지는 없을 것이다. 심지어는 관심조차 없을 것
이다.

종교는 완전한 합리성에 의해 논박되어버린다. 도덕은
미덕의 교의로 대체된다. 하지만 참된 도덕은 의심을 감
안하며, 그래, 심지어 죄를, 인류가 서성댈 수 있는 악마적
영역의 자각을 감안한다. 이 모든 지식과 경험은 결실이
더 풍부하며 '이성, 미덕, 행복'이라는 새로운 교의보다 더
순조롭게 인간성으로 이어진다. 이 교의는 인간적인 모든

것을 무시하며, 광신과 비인간성을 낳을 것이다.

정치화된 세계 안에서 토마스 만은 예술이 도덕과 동일한 운명을 겪고 있는 걸 본다. 예술은 이데올로기에 종속된다. 유미주의의 손상을 초래하더라도 모든 예술은 사회적으로 관여되어 있어야만 한다. 다른 한편 그는 모든 위대한 예술은 실로 도덕적 가치를 갖는다고 확신하며, 하지만 그 어떤 도덕적 의도나 덕성도 예술에게 요구하지 말아야 한다고 확신한다. 그는 다시 한 번 괴테를 인용함으로써 이 20세기, 초기 형태의 정치적 올바름에 답한다. "훌륭한 예술 작품은 도덕적 효과를 가질 수 있으며 또 갖게 되겠지만, 예술가에게 도덕적 목적을 요구하는 것은 그의 직무를 망치는 것이다."[15] 예술은 새로운 **이성**, **미덕**, **행복**의 교의가 인류에게 삶의 지혜를 제공하지 않는다는 것을 몇 번이고 반복해서 입증하는 비합리적인 힘이다. 만의 견해로 예술은 윤리적 가치를 갖는다. 하지만 윤리는 미덕이나 부르주아적 품위나 여타의 그 어떤 정치적으로 소망된 도덕과도 같은 것이 아니다. 예술은 예술의 윤리적 가치를 오로지 예술의 심미적 가치로부터, 예술로서의 지위—예술을 위한 예술l'art pour l'art—로부터, 예술의 독립으로부터 끌어내는데, 이는 예술의 유일한 목적, 즉 아름다움과 진리를 표현하는 것과 결부되어 있다. 예술이 인간 영혼의 심연을 아는 것은, 예술이 개인들에게 다른 그 어떤 방법으로도 획득할 수 없는 자기 통찰을 제공할 수 있는 것은 바로 예술이 악마적인 것을 무시하지 않기 때문이다. 그렇지만 예술을 도덕적 유용성으로 환원하는 자는 누구든 예술을 파괴하고 만다.

진리는 도덕이나 예술의 운명과 다른 운명을 겪을까? 아니다. 왜냐하면 결점이 없는 '완벽한 개인들'은—지배적인 정치적 이데올로기에 순응하는 것으로 족한데—미덕을 소유하듯 진리를 소유할 수 있다고 생각하니까. 의심은 불필요하고, 실은 바람직스럽지 않다. 하지만 토마스 만은 그 누구도 진리를 소유할 수 없다는 것을, 더 나아가 이른바 진리의 소유보다는 진리에 대한 탐구가 인류에게 더 잘 봉사한다는 것을 배웠다.

그렇지만 그는 어떤 관념이 인간 존엄을 보호하거나 침식할 수 있는지를 보는 데 예리한 만큼이나 사회적 현실에 깜깜하다.

토마스 만은 결코 좁은 의미의 국가주의자가 아니었다. 그는 또한 자신의 공화국이 관념들과 진리와 아름다움과 좋음의 세계라는 것을, 그리고 이 세계가 그를 지상의 한 특정 장소에 정박되게 놓아두지 않을 거라는 것을 의식하고 있었다.《성찰》에서 그는 전형적인 독일 문화보다는 유럽 문화를 자신의 정신적 세계로 간주한다고 자주 언급한다. 그렇지만 동시에 그는 (정신적 유산을 보존하는) 문화적 보수주의를 (기존 사회질서를 유지하는) 정치적 보수주의와 등치시키는 거의 고전적인 착오를 저지른다. 그것들의 등치는 독일 제국이 서양 민주주의보다 더 낫다는 것을 의미한다. 정치는 예술적 작업에서 그를 분산시킨다고, 평화롭게 남아 있는 한 정치는 무시될 수 있다고 그는 결론을 내린다. 19세기 세계는―그는 자신을 그 세계의 자손으로 보았는데―이상적으로 계속 실존해야 한다.

읽은 이가 드문(그리고 이해하고 있는 이는 더 드문) 많은 비판을 받은 이 책에 대한 가장 지성적인 비판을 나중에 내놓은 것은 그의 장남 클라우스 만이다. "그 비정치적인 정신은, 정치적이 될 때, 서양 문명의 호전적 낙관주의에 대항해 독일 문화의 음침한 장엄함을 방어하는 것을 자신의 최우선 과제로 여겼다. 그는 프러시아 제국주의자들의 무모한 오만을 뒤러, 바흐, 쇼펜하우어의 장려함과 혼동했다."

3

외경 중 하나인 〈에스라 4서〉는 다음과 같은 이야기를 제공한다. 느부갓네살의 통치기에 유대인들이 유배 중에 있을 때, 어느 날 토라[16] 두루마리 전체가 불에 타 소실되는 일이 발생했다. 예언자 에스라는 신에게 어떻게 해야 하는지 물었다. "세상은 어둠 속에 있고 세상 사람들은 빛이 없다. 당신의 법은 불타버렸고 이제 아무도 당신의 규정을 알지 못한다." 신은 에스라에게 모든 것을 다시 쓰라는 과제를 주었다.

이것은 유대 전통과 기독교 전통 양쪽 다에게 잘 알려진 이야기다. 태초 이래로 일어난 모든 일과 신이 그 민족에게 준 모든 법을 다시 쓰고 있는 에스라를 그린 프레스코화가 많은 수도원들에 있다.

무엇이 인간 존엄을 정의하는지에 대한 저 주목할 만한 표현인 토라는 20세기에 다시 불태워진다. 이 역사적 사건의 도덕적 의미sensus moralis를 이해한 사람은 바로 시인 파울 첼란이다. 그가 적어놓기를, 사람들은 더 이상 말하지 말아야 한다. 그들의 말은 "천 년의 거짓되고 왜곡된 진실성의 짐에 짓눌려 심음하고" 있을 뿐 아니라 "불타버린 의미들의 잿더미"로 가득하다.[17] 불은 말들의 의미를 파괴했다. 개인들은, 언어가 그들에게 더 이상 표현을 주지 않을 때, 어떻게 의미, 가치, 진리를 알 수 있겠는가?

제1차 세계대전과 더불어 타오른 불길은, 제2차 세계대전에서 한층 더 부채질되었고 지금도 여전히 꺼지지 않았는데, 예상치 않게 온 것이 아니었다. 부글거림의 흔적은 비합리적인 것에 헌신했던 독일 낭만주의와 인간 이성이 모든 것의 척도로 찬양된 계몽주의 양쪽 모두에서 찾을 수 있다.

부글거리고 있던 것이 20세기에 발생한 혁명에서 불타올랐다: 영원성은 항구적으로 폐위당했다. 이것 또한 예상된 것이었다—니체와 도스토예프스키에 의해, 그리고 보들레르에 의해. 보들레르는 일찍이 1863년 〈현대의 삶을 그리는 화가〉에서 "현대성, 그것은 일시적인 것, 순간적인 것, 우연적인 것"이라고 언급한다.[18] 이 새로운 시간 감각은 기술에 의해 강화된다. 그 결과, 서양 세계는 새롭고 빠르고 진보를 보여주는 모든 것에 우월성을 귀속시킨다. 오시프 만델스탐이 결론을 내리듯, 역사는 파문당했다. 전통은 중요하지 않다. 영원성과 초월성은 더 이상 인정되지 않는다. 이 새로운 질서의 냉혹한 결과는 의미가 더 이상 알려질 수 없기 때문에 의미가 더 이상 존재할 수 없다는 것이다. 잘해봐야 그것은—저마다의 재량에 따라, 잠시 동안—고려된다. 척도, 가치, 일시적인 세계 안에서 지속되는 것, 이 모두가 사라진다. 그것들은 가치 없음의 숭배인 허무주의로 대체된다. 진리는 경험적이거나 수학적인 현실로 환원되며, 더 이상 현실이 열망해야 할 이상이 아니다.

'현대'와 그것이 생산하는 예술은 이 영원성의 상실과 뒤이은 반작용들에 대한 자각 없이는 이해될 수 없다.

현재와 사멸성에 똑같이 휘둘리는 인간 존재는 쫓기고 시달리는, 무의미한 우주 안에 표류하는, 시간 부족에 사로잡힌 존재일 수밖에 없다. 하지만 사람들은, 소크라테스가 디오티마에게서 배우듯, 불멸성과 사랑에 빠진다. 불멸성은 사람들로 하여금—니체가 말하듯—'신 대용품'을 수용하게 만든다. '천년 왕국'과 '공산주의 유토피아'는 분명 축출된 영원성에 대한 세속적 대안으로 발명된 것이다. 오늘날의 서양 사회는 파시스트, 공산주의자와 동일한 열망을 갖는다. 이유가 없지 않게도, 그것의 가장 중요한 기둥인 대중매체와 사회적-자본주의적 경제는 **새롭고 빠르고 진보적인** 것의 미덕을—전부 소비재 수준에서—선언하며, 그런 다음 우리의 기묘한 장치들에 행복해할 자유를 우리에게 제공한다. 우리는 영원히 젊다고 느껴야만 하고, 언제나 새로운 것을 우월한 것으로 봐야만 하고, 제약은 존재하지 않는다는 것을 받아들여야만 한다. 그리고 죽음은 잊는 게 좋을 것이다.

4

제1차 세계대전은 토마스 만으로 하여금 인류, 예술, 진리, 도덕에 대한 그의 관념들이 타당성을 상실했는가라는 물음을 직면하게 한다. 그의 《비정치적 인간의 성찰》은 이 쟁점에 대한 고통스럽지만 진지한 성찰을 들려준다. 이와 관련하여 그는 또한 전면에 등장한 한층 더 기본적인 물음, 그 말고도 많은 다른 사람들을 사로잡게 될 물음을 점점 의식하게 된다. 시간 그 자체에 대한 물음. 시간의 힘은 무엇인가? 지속적인 가치를 갖는 그 무엇, 불멸적인 그 무엇이 이 새로운 시대에 여전히 존재할 수 있는가? 폐위당한 영원성을 위한 피난처가 있는가? 그리고 그 어떤 예술가도 자신의 작품이 여전히 지속적인 가치를 가질 수 있는지 혹은 가져야 하는지에 대한 물음을 피할 수 없다. 불멸적인 어떤 것이 **동시대적** 형식으로 표현되는 게 가능한가?

자살하기 5일 전 빈센트 반 고흐는 동생 테오에게 편지 한 통을 부친다. 편지에서 그는 그의 그림 중 몇 점은 "격변 속에서도 평온을 유지한다"라고 언급한다. 이것이 위대한 예술의 정의라면—내 견해로는, 바로 그러한데—조이스의 《율리시즈》, 엘리엇의 《네 개의 4중주》, 프루스트의 《잃어버린 시간을 찾아서》만이 아니라 피카소의 큐

비즘, 쇤베르크의 12음렬 음악, 하이데거의《존재와 시
간》역시 실로 위대한 작품이다. 제1차 세계대전의 도전
은 이 작품들 안에 수용되었으며, 20세기의 역설 또한 그
것들 안에서 표현을 발견한다. 새로운 현실을 옛 언어로
표현하려는 그 어떤 시도도 언어의 거짓말을 한다는 것
을 자각하면서 이들은 현대성, 시간의 지고성, 인간 현실
에 대한 새로운 관점을 계시하는 언어를 창조하는 데 성
공한다. 그들의 탐구는 영원성의 새로운 차원에 대한 탐
구다―프루스트는 그것을 '비자발적인 기억'을 통해 어쩌
다 잠깐 동안만 되찾을 수 있는 '잃어버린 낙원'에 위치시
킨다.[19] 그렇지만 동시에, 이 예술가들은 그들 고유의 언
어 덕분에 그들의 창조물을 시간의 지고성에서 벗어나게
한다. 이 예술 작품들의 가치는 망각과 무의미성을 넘어
선다.

토마스 만도 동일한 도전에 직면한다. 삶의 왜곡과 가
치들의 부패에 둘러싸인 채, 주변에서 온통 무제한의 진
보와 새로운 모든 것에 대한 맹목적 신앙이나 그게 아니
면 옛 것에 대한 완강한 믿음을 보면서, 전체주의라는 형
태의 지상의 영원성에 대한 한층 더 시끄러운 세이렌의
노랫소리에 휘말리면서, 그 역시 그의 시대의 물음들에
답을 구한다.

〈내 인생의 세월들〉에서 이 시절을 돌아보면서, 그는 《비정치적 인간의 성찰》에 담긴 관념들을 놓았다는 걸— 1918년 그것을 출간한 거의 직후에 그렇게 했다는 걸—깨닫는다. 그렇지만 그가 방어했던 가치들을 놓지는 않았으며, 그의 이상적 세계의 수호자로서의 보수적, 국가주의적 정치에 대한 소박한 신념을 놓았다. 수명을 다한 형식들을 고수하는 것이 단지 무의미할 뿐 아니라 실제로 위험하다는 것을 결국에 그도 이해하게 되었다. 가치들에 충실하게 머물기 위해서 개인들은 형식에서의 변화에 열려 있어야 한다. 생명력을 잃은 역사적 형식들을 복구하는 것은 언제나 몽매주의로 도피하는 것이다.

1919년 1월 독일의 사회민주주의 신문 《전진》은 지식인 가운데 토마스 만과 그의 형 하인리히에게 새로운 독일에 무엇을 기대하느냐는 질문에 짧게 응답해달라고 요청한다. 《성찰》에서는 문명문사들의 사회적 지각에 반대하여 개인을 형이상학적인 존재로 놓았지만, 이제 그의 응답은 놀랍다. "의심의 여지없이(그리고 교의와 이데올로기로서의 마르크스주의에 결코 동의하지 않는 사람들조차 이 문제에서는 아무 의심도 품을 수 없는데) 정치적인 미래는, 국제적 연관만큼이나 국가적 연관에서도, 사회적 관념들에 속한다." 그렇지만 그는 덧붙인다. 사회적 내지는 사회주의적 국가가 시민 정신을 부정한다면, 사회는 불가피하게 "프롤레타리아의, 야만의 독재"로 빠져들게 될 것이다.

《성찰》에서 **인간주의** 개념은 **문화** 개념에 반대되는 것이고, 그의 적수들이 인류를 그리는 피상적, 낙관주의적, 민주주의적 초상의 표현이다. 1921년 5월 그는 일기에 이렇게 쓴다. "독일 문화의 문제에 대한 논의들. 인간주의, 독일적인 것이 아니라, 없어서는 안 되는 것."

이 통찰은 또한 형 하인리히가 병에 걸릴 때 그와 화해할 용기를 준다. 1922년 1월 31일 그는 그에게 꽃을 보내면서 카드에 이렇게 적는다. "지난날은 힘들었어. 하지만 이제 우리는 모퉁이를 돌았고, 더 좋은 길을 갈 거야. 너도 나처럼 느낀다면, 함께."

1922년 여름, 바이마르 공화국의 유대인 외무장관 발터 라테나우가 우익 극단주의자들에게 암살당한다. 충격을 받고서, 이 폭력이 어디로 이어질까 괴로워하면서, 만은 지금은 거의 잊혔지만 당시 유명한 작가였던 게르하르트 하웁트만 탄생 60주기를 기념하여 하기로 한 공식 연설을 그가 한때 반대했던 공화국에 대한 공개적 지지를 표현하기 위해 이용하기로 결심한다. 꽉 들어찬 베를린 베토벤 홀에서 1922년 10월 13일 그가 한 연설 제목은 〈독일 공화국에 대하여〉다.

그는 청중에게 톨스토이가 위대한 소설에서 묘사한 전쟁, 신화적-시적 요소를 가진 전쟁은 더 이상 실존하지 않는다고 말한다. 오늘날 전쟁은 피와 파괴와 순수한 악의 난장판이다. 생보다-더-큰 종류의 영웅주의를 아직도 찾고 있는 그 누구든 돈키호테 유형의 몽매주의자다. 그러한 몽매주의에는 저항해야 한다. '독일에 대한 충실성'의 가면 뒤에는 다만 잔인함과 폭력이 놓여 있을 뿐이니까. 민주주의와 공화국은 이론의 여지가 없는 사실이다. '문화'를 위하는 그 누구든 이제 평화에, 민주주의 공화국의 실존에 동의해야만 한다. 더 나아가 우리는 이전 독일 제국이 실은 독일 이상의 달성을 좌절시키지 않았을까, 민주주의라면 괴테, 실러, 횔덜린의 확신을 더 정당하게 대우하지 않을까 하는 생각이 들 수도 있다.

토마스 만은 이런 의견으로 자기 자신의 생각을 배반하고 있는 게 아니라고 말한다. 그는 《비정치적인 인간의 성찰》을 본질적 가치들에 대한 방어로서 썼다고 설명한다. 그것은 과거가 아니라 미래를 위한 책이지만 보수적인 책이다. 책 안에 담긴 관념들이 결실을 맺기 위해서는, 새로운 형식들을 획득해야만 하고 삶의 흐름과 함께 나아가야만 한다. 그리하여, 그는 배웠다, 세속적인 것과 천상의 것, 계몽과 낭만주의, 이성과 신비주의를 통합할 제3의

요소가 필요하다—인간주의. 만에 따르면 이것은 '민주주의'를 가리키는 고전적 단어다.

인간 실존은 전적으로 정신적이거나 전적으로 감성적이지 않을 수도 있으며, 형이상학적인 것과 사회적인 것 둘 중 하나로만 정해진 것이 아닐 수도 있다. 인류에게 경의를 표하고자 하는 누구든 한쪽 부분만으로 때울 수 없다는 것을 만은 깨닫는다. 실존의 전체가 알려져야만 한다. 그리고 그는 사회정치적 발전이 무시될 때 문화는 야만으로 타락할 수 있다고 경고한다. 오늘날 의회민주주의가 인간 존엄과 유럽 문화의 생존을 수호한다는 것을 아직도 부인하는 그 누구건 극단주의자들의 행동에 공동으로 책임이 있다.

독일 역사의 그 순간만은 지성적 책임감 때문에 그의 나라의 사회적 필요들에 대해 공적으로 의견 표명을 해야만 했다. 그는 이 책무를 얼마나 빈번하게 다시 수행해야만 할지 알 수 없었다.

하지만 하나의 예술 작품은 여하한 수의 정치적 연설이 설명할 수 있는 것보다 더 많은 것을 우리에게 보여줄 수 있다.

전후의 그 시기 동안 조용한 아침 시간은 착실하게 늘어나고 있는《마의 산》원고에 바쳐진다. 전쟁 전에 유머스러운 중편소설로 의도되었던 그것은 이제 진지한 형식을 획득한다. 그것은 성배 신화의 새로운 20세기 판본이다. 시간의 지고성과 영원한 것에 대한 탐구는 그 시기의 큰 쟁점일 뿐 아니라 이 신화의 주제이기도 하다. 성배의 공동체는—성배를 찾는 파르지팔의 이야기가 우리에게 말해주듯—영생을 주는 성배가 더 이상 계시될 수 없기 때문에, 병들었으며 사멸성에 휘둘리고 있다. 유럽 문화 역시 똑같은 아픔을 겪고 있다. 영원성이, 그것의 가치와 의미로서의 속성을 포함해서, 상실되었기 때문에.

그리하여 성배의 기사들 근거지 몬살바트는 토마스 만의 판본에서 요양원이 되었다. 저지대들, 즉 매일의 현실과 거의 아무런 접촉도 하지 않은 채 산 위에 높이 살면서, 그곳에 거주하는 환자들과 그들과 함께하는 독자는 일체의 시간 감각을 상실하고 일종의 영원성 안에서 산다.

한 젊은이가 어쩌다가 이 무시간의 공간에 도착한다. 처음에 그는 단지 3주를 거기서 보낼 생각이다. 하지만 7년을 머문다. 그 시기 동안 이 파르지팔은 삶에 관해 무언가를 이해하려고 노력해야만 하며, 그럴 목적으로 몇 가지 교육적 시련을 통과해 겪는다. 그는 세템브리니와 나프타를 만난다. 전자는 계몽을 대표하며, 인간의 선함과 인간 이성의 전능을 믿는다. 그는 예술이 사람들을 좋은 행동으로 고취시킬 것임을 마찬가지로 그리고 깊이 확신한다. 나프타는 그의 적수다. 그는 인류의 더 어두운 측면에 대한 더 좋은 판단자며, 하지만 엄격히 전체주의 국가를 통해, 절대적 복종, 폭력 등등을 통해 안녕이 오기를 기대한다. 이 '유럽 정신의 대표들' 반대편에 눈길을 끄는 피터 페퍼코른이 있다. 그는 복잡하지 않고 배가 나온 인물로 삶의 상징이다. 하지만 그도 역시 본받을 인격은 아니다. 페퍼코른은, 병 때문에 삶을 온전히 향유할 수 없게 될 때, 삶을 지속할 정신적 힘을 잃고 자살한다.

우리의 '순진한 바보'는 7년 동안 구름 속에 산 후에 삶에 대해 무엇을 배웠을까? 그는 비극에 익숙한 비관주의적 인간주의와 인간 실존의 한계들을 발견한다. 질병과 죽음은 삶의 일부이며 부인될 수 없다. 그것들은 우리에게 우리 실존의 경험들과 관련해 이성 홀로 제공할 수 있는 것보다 더 깊은 이해를 제공한다. 하지만 그는 또한 좋음과 사랑을 위해서는 질병과 죽음, 이 어두운 힘들이 우리의 사유를 지배하도록 허락해서는 안 된다는 것을 배운다. 그는 삶의 활력을 경탄하는 법을 배운다. 하지만 그는 또한 삶이 언제나 도덕적 교정을 필요로 한다는 것을 자각하는데, 그러한 교정은 인간 정신에 의해 제공된다.

나중에 만은 그의 이야기의 실제 주인공은 "신의 인간

homo Dei, 자신에 대해, 자신의 어디에서와 어디로에 대해, 자신의 본질과 목표, 우주 안에서의 자신의 자리, 자신의 실존의 비밀, 영원한 수수께끼인 인류의 의무에 대해 종교적 질문을 가진 인간 그 자신"이라고 언급한다.

우리 모두가 찾고 있는 성배는 어떤가? 성배는, 마의 산에서 보낸 시간이 가르쳐주기를, (좀 더 최근에 인디아나 존스가 찾고 있었던) 최후의 만찬의 잔이 아니다. 그것은 오히려 비밀, 수수께끼다. 사실 그것은 우리 자신의 실존의 영원한 비밀과 동일하다. 영원한 질문들에 경의를 표할 때에만, 인간의 존엄을 위해 반드시 있어야 하는 가치들과 의미들에 수용적인 상태로 남아 있을 수 있다. 그 수용적인 상태가 지상에서 영원한 삶을 가져오지는 않을 것이다—지상의 실존은, 일시적이고 언제나 그럴 것이다. 그렇지만 그 수용적인 상태는 영원해야 하는 것의 생존을 가져올 것이다. 잃어버린 낙원의 케루브 천사들처럼[20] 인간 실존의 수수께끼를 에워싸는 초월적 가치들에 대한 깨달음.

"시간은 여기서 공간이 된다."—바그너의 오페라에서 파르지팔이 성배가 숨겨진 공간에 들어갈 때 성배의 기사들은 이렇게 노래한다. 거기서 시간은 공간이 되고, 영원성이 된다. 만 또한 우리를 어떤 영원성 안에 거주하게 한다. 그의 이야기, 신화 개작 이야기의 영원성. 그것은 무시간적인데, 왜냐하면 성배를 위한 탐구는 무시간적이기 때문이다.

이 영원성, 이 성배, 즉 인간 실존의 영원한 수수께끼는 시간과 영원성의 질문에 대한 그의 동시대적인 예술적 대답이다. 그것은 또한 이 수수께끼를 부인하고자 하는 문명문사들, 그리고 사람들을 다양한 방식으로 자기들만의 성배, 즉 지상에서의 영원한 권력으로 이끌고자 의도하는 정치적이고 경제적인 권력들, 이 양쪽 모두에 대한 그의 무시간적 응수다.

《성찰》의 집필은 시련이었다. 《마의 산》의 집필은 성배에 대한 탐구였다. 50세에 만이 소설의 마지막 문장 밑에 "finis operis"라고 쓸 때,[21] 그는 통찰을 얻었다. 이 비밀을 부인하거나 임의의 대용품을 수용하게 되면 그가 충실하고자 하는 그 한 가지, 즉 인간성의 파괴로 반드시 이어진다는 통찰을.

5

1934년 봄, 토마스 만은 그에게 아버지 같았던 남자와 마지막 조우가 될 만남을 갖는다. 그는 젊은 작가에게 선사한 자신감("소설을 써보지 않겠어? 너무 길게만 쓰지 마")을 통해 예술적 재능이 꽃피도록 해주었다. 베를린의 유대인 출판인 자미 피셔.[22] 그는 (그럼에도 아주 길었던) 만의 첫 소설 《부덴브로크가의 사람들》을 포함해서 만의 모든 책의 출판을 책임졌다.

1934년 취리히에서 만날 때, 피셔의 건강은 이미 쇠약해지고 있다. 그는 늙었고, 귀가 들리지 않고, 종종 혼란스럽고, 사랑하는 베를린에서 나치가 자행하고 있는 공포 때문에 낙심하고 있다.

그 후로 6개월이 못 되어 만은 〈추모하며〉를 써야만 한다.[23] 그 글에서 그는 그 만남에서 늙은 피셔가 둘 모두의 한 지인에 대한 의견을 내놓았던 순간을 회상한다.

"유럽인이 아니야." 그는 머리를 가로저으며 말했다.

"유럽인이 아니라고, 피셔 씨? 왜 아니지?"

"그는 위대한 인간주의적 관념들을 전혀 이해 못해."

만은 계속해서 이렇게 쓴다. "나는 얼마나 흔들렸는지 말할 수 없다. 이것은 거의 지나간 시대, 지금 지배하고 있는 세대보다 더 위대하고 더 좋았던 세대로부터 나오는 목소리였다."

위대한 인간주의적 관념들: 그것은 유럽 문화다. 그것은 《마의 산》을 쓸 때 만이 의식적으로 받아들였던 전통이다. 그렇지만, 유럽 인간주의의 이 기념비가 출판되는 것과 동시에, 무서운 질문이 생겨난다: 그것은 지속될 문화인가, 아니면 역사 속의 한낱 한 가지 일화로 판명날 것인가?

독일에서—그토록 많은 위대한 정신들이 유럽 문화를 형성하는 데 조력했던 그 동일한 독일에서—이 문화에 대한 이전에는 알려지지 않았던 증오가 활력을 더해가면서 등장하고 있다. 1930년 9월 나치가 선거에서 크게 첫 승리를 거둘 때, 만은 다시 공적으로 목소리를 낸다. 친숙한 장소, 즉 그가 1922년 민주주의에 대한 선택을 정당화했던 베를린의 베토벤 홀에서, 그는 그의 나라의 정치적 발전에 관해 연설한다. 그는 기술, 스포츠, 영화 스타, 다수의 권력이 우상화되는 분위기에서 어떻게 "모든 사람이 입에 거품을 물고, 광신이 구제의 원리로 변하고, 열광이 간질병적 황홀경으로 변할 때까지, 구세군 자세, 대중 발작, 쇼마당의 종소리, 할렐루야, 데르비시 춤 같은 단조로운 표어의 반복으로 가득한 그로테스크한 양식의 정치"를 위한 여지가 생겨나는지를 개괄한다. "정치는 제3제국에서 대중의 아편이나 프롤레타리아 종말신학이 되며, 이성은 자신의 얼굴을 베일로 가린다."

새로운 우상을 위한 공간을 만들기 위해 문화는 파괴되고 있는 중이다. 인간 존재의 도덕적이고 정신적인 형성으로서의 교양의 존재는 더 이상 허용되지 않는다. 사람들은 개인적 책임에서 자유로워진 집단적 도취감[high]에 잠기길 원한다. 나치즘은 반란적 형태의 종교다. 그것은 인간성에 적대적인, 자연에 대한 난장판 숭배다. 이 믿음의 궁극적 목표는 토마스 만에게 명백하다: 진리의 말소. 전체주의는 거짓말과 폭력의 은총을 통해서만 존재할 수 있다.

〈내 인생의 세월들〉에서 만은 다음과 같이 선언한다. 모든 형태의 전체주의에 대한 그의 혐오는 이러한 이데올로기들이 언제나 거짓말을 숭배한다는 사실에 기초하고 있다. 그는 작가로서, 인간적인 것을 묘사하는 어떤 사람으로서, 진리에만 헌신할 수 있다.

하지만 무엇이 진리인가? 만에게 진리는 경험적이거나 수학적인 개념이 아니다. 진리는 현실이 아니다. 반대로 진리는 척도와 가치, 모든 인간이 열망해야만 하는 이상이다. 바로 그렇기에 그는 "다른 독일"의 목소리를 내기 위해 1937년 잡지 창간을 도와주면서 그 잡지를《척도와 가치》라고 명명한다. 편집 서문에서 그는 어떤 단어들에게 진실된 의미를 돌려주어야 할 때라고 진술한다. 예를 들어, 진리는 자기 재량으로 취급될 수 있는 상대적, 주관적 개념이 아니다. 진리는 인간 존엄의 수준을 측량할 절대적 기준이다.

만의 이 동시대적이지 못한 견해는 인류에 대한 그의 전망의 논리적 결과다. 그가 말하기를, 우리는 인간이기 때문에 육체적 존재 그 이상의 것이다. **이 이상의 것**은 인간성에 대한 정의의 일부여야 한다. 인간의 한 측면은 동물적이다. 하지만 다른 측면은 인간을 정신적 영역에 연결한다. "의식은 인간에게 구별을 하도록 가르친다. 〈창세기〉에서 주 신이 말하듯, 인간은 '우리 모습처럼' 만들어진다. 인간은 무엇이 좋고 나쁜지를 알며, 절대적인 것을 소유한다. 절대적인 것은 인간에게 진리, 자유, 정의의 이념들로 주어지며, 이 이념들과 더불어 자연적 세계의 결점을 통해 인간 안에 심어진 구원의 꿈, 순전한 완전성의 꿈이 찾아온다."

《마의 산》을 쓰고 있을 때, 만은 인류의 본질을 "인간이 자기 자신에게 영원한 수수께끼라는 것"이라고 서술한다. 이 수수께끼는 두 요소로 이루어진다. 한편으로, 인간 자연이 있는데, 이는 사멸적이고, 너무나도 빈번히 삶의 비극의 원천이다. 그것은 문명문사들과의 논쟁에서 그가 강조하는 요소인데, 그들은 완벽한 인간 존재라는 관념을 믿는다. 다른 한편, 인간 존재의 정신적 능력 덕분에 각 개인은 절대적인 것을 알며, 모든 사람이 실현하기 위해 노력해야만 하는 불멸적인 것을 안다. 이것은 만이 싫증을 모르고 이야기하는 것이다.

괴테는 계속해서 스타 증언자다. 바이마르 출신의 이 학식 있는 시인은 이렇게 말했다. "모든 법들과 관례적 규범들은 단일한 것으로 거슬러 올라갈 수 있다—진리." 그가 자유의 본질에 관해 그의 학생[24]에게 가르친 것 역시 못지않게 중요하다. "자유는 우리 위에 있는 그 무엇도 인정하기를 거절하는 데 있는 게 아니라 우리 위에 있는 어떤 것에 경외심을 갖는 데 있다."

진리는 우리 위에서 권력을 갖기 때문에 우리를 자유롭게 해준다. 진리는 우리에게 가르침을 주며, 그 반대가 아니다. 그렇지만 우리의 양심이 알 수는 있지만 결코 소유할 수 없는 이 절대적이고 접근 불가능한 진리는 정의상 진리의 그 어떤 일시적 형태에 의해서도 삭감될 수 없다. 그러므로 그 어떤 사멸자도 결코 진리를 소유할 수 없다. 정통orthodoxy은—유신론이건 무신론이건—이 본질적 진리가 존경받지 않을 때 근본주의가 된다. 늘 변화하는 세계는 진리를 계시하기 위해 항상적으로 새로운 형태를 요구한다. 이 형태들의 또 다른 이름이 '문화'다. 문화의 전멸은 진리의 전멸을 의미한다. 그리고 진리를 전멸시키는 것은 개인에게서 존엄을 박탈하는 것과 다름없다.

6

인간성, 진리, 영원성이 큰 단어—여하튼 오늘날 우리에게 익숙한 것들보다는 더 큰 단어—라고 한다면, 언어에 대한 평생 동안의 충실성으로서의 예술가적 실존을 정당화해보자.

모든 시인은 신들의 선물이 불이 아니라 언어라는 것을 안다. 횔덜린은 이렇게 썼다. "인간은 이 지상에 시적으로 거주한다." 언어는 인간 존재의 본질이다. 우리는 언어 덕분에 생각할 수 있는데, 왜냐하면 사유는 오로지 말의 은총에 의해서만 실존하기 때문이다. 우리의 경험과 감정은 언어에 의해 주조된다. 우리가 세계를 명명하고 알 수 있게 해주는 것은 바로 언어다. 우리 자신은 언어에 의해, 기도, 고백, 시를 통해, 알려진다. 언어는 우리에게 순간의 현실 너머에 이르는, 어떤 과거에 이르고("~이 있었다") 어떤 미래에 이르는("~이 있을 것이다") 세계를 준다. 언어를 통해서 영원성은 공간을 가지며 죽은 자는 계속 말한다: "죽었지만, 그는 여전히 말한다^{Defunctus adhuc loquitur}"(〈히브리서〉 11:4). 언어 덕분에 의미가 있으며, 진리가 있다.

언어는 거짓말을 용인할 수 없다. 거짓말은 말을 침묵하게 만들며, 말의 영혼을 장악한다. 언어가 알렉산데르 바트, 안나 아흐마토바, 프리모 레비, 빅토르 클렘페러 같은 작가들의 가장 큰 관심사였다는 것은 우연이 아니다. 그들 각자는 거짓말 숭배를 경험하도록 강제받았다. 파울 첼란처럼 그들은 말의 의미가 불에 의해 파괴되는 어느 곳에서건 진리와 인류는 말로 불탄다는 것을 알았다.

토마스 만은 언어를 거짓말쟁이에게서 되찾는 것을 그의 책임으로 보았다. 바로 그렇기에 그는 계속해서 글을 썼으며, 오래된 이야기를 개작하여 들려주었다. 그는 독창적이어야 할 필요가 전혀 없었다. 그의 멘토는 편집자이자 회고록 집필자인 에커만에게 도덕적으로 혼동스러운 세계에서 진리를 다시 말하는 것은 그 자체로 미덕이라고 털어놓지 않았던가?

고국에 있는 튜턴족이 자신들의 반인간주의를 찬미하고, 자신들을 선택된 민족으로 간주하고, 히틀러를 자신들의 구세주로 보는 동안, 만은 그들의 새로운 종교에 어떤 다른 신화, 종교, 신을 가지고서 반대한다. 1927년부터 1942년까지 그는 "신이 창작한 아름다운 이야기《요셉과 그 형제들》"[25]을 계속해서 쓴다. 그것은 어떻게 인간들이 아브라함의 발자국을 따름으로써 존엄을 발견하는지를 이야기하는 신화다. 누구를 섬기느냐가 인류에게 가장 중요하다는 것은 우르에서 온 남자의 생각이었으니까. 그는 결심한다. "나, 아브람은, 그리고 내 안의 인간은 오로지 가장 지고한 것만을 섬겨야 한다."[26] 이것이 시작이었다. 처음에 아브람은 가장 중요한 것이 땅이라고 생각했다. 하지만 땅은 하늘에서 비를 필요로 한다. 그런 다음 그는 그가 찾는 것이 태양이라고 가정했다. 하지만 태양은 달과 별처럼 저문다. 신이 다른 모든 것을 능가한다는 깨달음을 통해서 그는 신을 발견했다.

신은 세계의 공간이다. 하지만 세계는 신의 공간이 아니다. 아브람이 발견하는 것은 바로 이 상상할 수 없는, 순수하게 정신적이고 도덕적인 신이다. 그리고 그 둘은 약속을 한다.

신화들은 인간 정신의 가장 이른 기호들이다. 신화 안에서 가장 심원한 인간 경험들이 언어가 되었으며 이야기될 수 있었다. 신화는 무시간적인데, 왜냐하면 이야기되는 경험들은 인류만큼 오래된 것이기 때문이다. 모든 유의미한 삶은 신화적 삶이다. 다시 말해서 우리 모두는 발자국을 뒤따른다. 하지만 인간들은 자신들이 딛는 발걸음의 선택에 책임이 있다.

야곱의 아들이며 이 이야기의 주인공인 요셉은 자신이―그리고 그 안에 있는 우리가―존엄을 획득하기 위해서는 아브라함과 이사악과 그의 아버지의 발자국을 따라야만 한다는 것을 의식한다.

요셉은 앞서 온 것을 단지 반복하는가? 그렇다, 그리고 아니다. 그는 자신이 선택하는 신화의 비밀이 단지 과거의 반복일 뿐 아니라 또한 한 걸음 전진, 변화의 문제, 새로운 것에 열려 있음이라는 것을 배운다. 신화의 '언젠가'는 과거이며, 하지만 또한 미래이기도 하다. '영원한'은 '항상'을 의미하며, 하지만 또한 '앞으로 올 것'을 의미한다.[27] 그리하여 요셉의 독실함을 형성하는 것은 "**주의 깊음**과 **순종**이다. 세계의 내적 변화들, 진리와 올바름의 양상들에서의 변이에 대한 주의 깊음. 삶과 현실을 때 놓치지 않고 이 변화들, 이 변이에 맞게 조절하고 그로써 정신을 정당하게 대하는 순종. 죄 안에 사는 것은 정신에 거슬러 사는 것이며, 주의 깊지 못함과 불순종으로 인해 고루하고 한물간 것을 고집하고 그 안에서 계속해서 사는 것이다".[28]

요셉은, 그렇게 그의 이야기가 우리에게 가르쳐주는바, 그 자신이 "신에 대한 관심"[29]에 의해 인도를 받도록 해야만 한다.

토마스 만이 1943년 1월 이 이야기의 서술을 끝마칠 때, 유럽은 "신에 대한 관심"에 맞물리길 바라지 않는 사람들의 지배하에 있다. 그들은 다른 신화의 행로를 뒤따르고 있는 중이다.

구원의 역사의 시작, 신과 인간 존엄의 발견에 관한 이 소설 이후에, 이야기 화자는 책을 한 권 더 써야 한다는 걸 깨닫는다. 그것은 그에게 마지막 책일 수 있을 것이다. 그것은 저 다른 신화다: 자만, 악마와의 계약, 시간의 종언에 관한 무시간적 이야기.

1943년 5월 23일 일요일, 만은《파우스트 박사: 어느 친구가 들려준 독일 음악가 아드리안 레버퀸의 생애》를 쓰기 시작한다. 이 인생 이야기에서 그는 독일의 부침, 한 시대의 위기, 예술에서의 위기에 대해 이야기한다. 그것은 지적인 오만과 도덕적 무분별, 예술 숭배의 결과로서 유미주의와 야만의 근접, 인류가 스스로를 구원할 수 있다는 망상에 관한 쓰라린 이야기다.

아드리안 레버퀸은 두 편의 위대한 작품을 작곡하게 된다. 그중 첫째는 1919년 〈묵시록〉이다. 이 작품에서 그는 "계시를 생생하게 거울처럼 보여줌으로써 인류의 장래가 어떻게 될지를 들여다볼 수 있게" 한다.[30] 종말, 심판, 다가오는 운명. 코러스는 〈예레미아의 애가〉를 노래한다.

제가 잘못해놓고도
목숨이 붙어 있다고 넋두리하랴?
우리 모두 살아온 길을 돌이켜보고

야훼에게 돌아가자

......

우리가 거역하여 지은 죄를

주는 용서하지 않았다.

진노하고

우리를 뒤쫓아 와서 사정없이 잡아 죽였다

......

주는 우리를 만국 가운데서

쓰레기로, 거름더미로 만들었다.[31]

친구이면서 이야기 화자이기도 한 제레누스 차이트블롬은 이 작품이 낭만적인 구원의 작품과는 전혀 거리가 멀며 신학적으로 부정적이고 가차 없는 성격을 특징으로 한다고 우리에게 말해준다. 이 작품과 더불어서 작곡가는 인간의 가장 깊은 비밀을 음악 형태로 드러내는 데 성공한다. 우리의 애매성, 우리의 동물적 부분과 우리의 가장 순수하게 숭고한 부분의 동일성.[32]

둘째 작곡은—그 이후에 이 천재 인간은 결코 도망칠 수 없는 정신적 어둠 속에 잠기게 될 것인데—교향곡 칸타타 〈파우스트 박사의 비탄〉이다. 이 작품은 단연코 베토벤의 9번 교향곡의 짝으로 작곡된 것이다. 일체의 선,

기쁨, 희망에 대한 찬가는 레버퀸에 의해, 그의 한탄, 인류
와 신에 대한 끔찍한 고발과 더불어, 철회된다.[33]

차이트블롬은 그 작품이 끝없는 역전으로 표시되어 있
다고 지적한다. 이 파우스트는 구원에 대한 그 어떤 생각
도 그 자체 유혹이라며 물리친다. 단지 계약에 대한 형식
적 충실성 때문에, 이미 "너무 늦었다"는 이유 때문에 그
러는 게 아니다. 더 나아가, 파우스트를 구원으로 인도해
줄 세계의 긍정성을, 그것이 약속하는 신의 축복의 거짓
말을 그가 경멸하기 때문이다. 구원의 생각에 대한 그의
부정은 거짓되고 무기력한 부르주아 경건함을 향한 당당
하고 필사적인 "아니!"다. 하지만 다른 누구보다도 친구의
작품을 잘 아는 차이트블롬은 칸타타 끝 부분에 있는 전
적으로 다른 의미 역전을 누설한다. 그곳에서 의심의 마
지막 고통은 자신이 만들어놓은 세계가 몰락해가는 데 대
한 신의 비탄―상심한 조물주의 "내가 원한 것은 이런 것
이 아니었다"―처럼 표현되고 있다. 이 지점에서 화자는
묻는다. "이 음울한 음악은 그 어떤 위안이나 화해, 미화
도 허용하지 않는다. 그런데 가장 깊은 절망 상태에서, 비
록 실낱같은 희망일지라도 오히려 희망이 싹틀 수 있다는
종교적 역설이 성립될 수 있다면? 그런 역설이 가능하다
면 그것은 절망의 피안에 있는 희망일 것이며 절망의 초

월일 것이다. 그것은 절망을 배반하는 것이 아니라 믿음을 초월한 기적일 것이다."[34]

　토마스 만은《파우스트 박사》가 그의 가장 개인적인 작품, 고백록이라는 사실을 결코 숨기지 않았다. 미국 망명 초기에 그는 사양하지 않고 선언했다: "내가 있는 곳에 독일 문화가 있다." 평생에 걸쳐 그는 자기 자신을 19세기와 독일 낭만주의의 아이로 보았다. 그는 독일성의 구현이었고 나치즘은 기본적으로 정치적 현상이 아니라—독일 문화에 뿌리를 둔—문화적 현상이라는 것을 그 누구보다도 더 깊이 확신하고 있었다. 한 위대한 문화 안에서 어떻게 가장 거대한 절멸이 점화될 수 있는지를 사람들이 이후로 알기 위해서는, 그는 그 자신의 영혼의 심연을 파헤치고 그의 삶과 시대의 이야기를 들려주는 것 말고 달리 할 수 있는 것이 없었다.

7

1950년 4월 22일 시카고대학교에서 1,500명의 청중 앞에서 〈내 인생의 세월〉이라는 연설을 할 때, 작별의 해들이 왔다.

　그의 마지막 해들은 실망에 좌우된다. 인류에 대한 그의 충실은 최종적으로 그에게 다음과 같은 것을 이해하게 해준다. 이 세계가 다른 무엇보다도 필요로 하는 것, 인간 존엄을 수호할 사회질서는 새로운 인간주의를 통해서만 태어날 수 있다. 불가해한 인간 비밀을 존경하고 인간 비극이나 인간들의 악마적 심연을 부인하지 않는, 우리가 염원해야만 하는 절대적 기준으로서 우리의 양심에 의해서만 알려질 수 있는 진리를 인정하는, 우리 실존의 전체를 병합하고 정치적 현실을 무시하지 않는, 종교적 인간주의.

제2차 세계대전 직후, 〈우리의 경험에 비추어본 니체의 철학〉이라는 강연에서 그는 그 어떤 협의나 기술적 조치나 사법제도도, 심지어 세계정부조차도, 다른 정신적 분위기, **정신의 고귀함**에 대한 새로운 수용성이 우선 선행되지 않는다면, 절대로 새로운 사회를 한 걸음 더 가까이 가져올 수 없다고 경고한다.

하지만 고작 일어난 일이라고는 정치적 분위기의 한층 더 심해진 오염이다. 냉전이 있으며, 이번에는 미국에서 매카시즘과 더불어 새로운 정치화와 전국적 히스테리가 있다. FBI는 만과 그의 두 아이 클라우스와 에리카에 대한 1,000페이지가 넘는 분량의 파일을 공개했다. 가장 주목할 만한 혐의: 시기상조의 반파시즘—다시 말해서, 1941년 후반 미국이 독일에게 전쟁을 선포하기 전에 파시

즘에 저항. FBI에 따르면, 이것은 오로지 한 가지를 입증
할 수 있을 뿐이었다. 공산주의에 대한 공감.

만은 서양 민주주의 국가들의 냉소주의에 실망을 감추
지 않았다. 경제적 이익을 위해 처음에 그들은 파시즘과
나치즘의 부상을 볼셰비즘에 대항한 최선의 무기로서 용
인했으며, 그로써 1938년 체코 국민을 희생시켰다. 이제
근시안과 경제적 이익이 또다시 규칙이다. 서양에서 그것
들은 정책을 위한 정당화로서 '민주주의'를 지칭한다. 하
지만 그 누구도 민주주의의 본질이 무엇일지 전혀 짐작도
못한다.《민주주의의 다가오는 승리》(1938)에서 만은 귀족
주의와 민주주의는 실제로 대립물이 아니라고 지적했다.
실로 귀족주의가 참으로 "가장 훌륭하고 가장 좋은 자들
에 의한 리더십"을 의미한다면, 바로 그것이 그가 민주주
의라고 이해하는 것이다. 참된 민주주의는 귀족주의적 소
질 없이는 될 수가 없다―그것은 태생적 고귀함이 아니더
라도 정신의 고귀함을 가져야만 한다. "지성적 삶을 존경
하지 않고 그것에 인도되지 않는 민주주의에서는 선동이
자유롭게 군림하며 국가적 삶의 수준은 무지하고 미개한
자들의 수준으로 저하된다. 하지만 교육의 원리가 지배하
도록 허용된다면, 그리고 하층계급을 문화를 음미하고 더
좋은 부류의 리더십을 받아들이도록 고양시키는 경향이

우세하다면, 이런 일은 발생할 수 없다."

이러한 상황에서, 그를 러시아 전체주의를 받아들이는 사람처럼 보이게 만드는 연설과 행동을 하도록 끌어들이는 상황을 그는 괘념치 않는다. 심지어 그는 소련의 독일 점령지를 방문한다. 달갑지 않은 소동을 예방하기 위해, (〈내 인생의 세월〉 강연이 처음에 예정되어 있었던) 워싱턴 D.C. 의회도서관은 도서관의 그 '독일 문학 자문위원'에게 그해에 나타나지 않는 게 좋겠다고 말한다. 토마스 만은 다시는 그곳에 나타나지 않는다. 그는 미국에 작별을 고한다. 그가 그토록 존경했던 루즈벨트의 죽음 이후에, 미국은 더 이상 그의 나라일 수 없다.

그는 유럽으로 돌아온다. 스위스로. 독일 역시 더 이상 그의 나라일 수 없다. 바로 그곳 스위스에서 그는 지상의 실존에 작별을 고하기를 원한다. 자신과 더불어 세계가 부르주아 인간주의와 그것의 시대에 작별을 고할 것이라는 사실을 의식하면서. 자미 피셔의 유럽, 위대한 인간주의적 이념들의 문화는 망각 속으로 사라졌다. 그의 가장 어두운 순간들에 그는 서양인들에게 "교육과 기억이 전혀 없는 긴 밤"의 도래를 예견한다.

그는 명성의 최고점에 있었다. 하지만 자신의 실존의 의미에 대한 절망이 더 큰 적은 결코 없었다. 그는 괴테의 포기라는 도덕원칙 위에 삶을 구축했다. 그는 이런 형태의 금욕주의를 실천했는데, 이는 온갖 종류의 유혹들에 대한 굴복에서 그를 보호해주었고 시간을 건설적으로 사용할 수 있게 도와주었다. 그는 여전히 조용한 아침 시간 동안 글을 쓰기 위해 매일 아침 정확히 9시에 커다란 마호가니 책상에 있었다. 하지만 종이가 공백으로 남아 있는 시간들이 지속된다. 이러한 상황에서 무엇이 나의 실존을 정당화할 수 있을까?

"나는 슬픔과 침체로 절망하는 멜랑콜리 대신 희망하고 열망하고 추구하는 멜랑콜리를 택했다." 빈센트 반 고흐는 동생에게 쓴 편지 중 하나에서 이렇게 썼다.[35] 바로 이 멜랑콜리를 만은 안톤 체호프에게서, 한 인간과 그의 작품에서 발견한다. 만은 인생의 마지막 해에 그의 가장 아름다운 에세이 중 하나를 체호프에게 바친다.

그가 그 젊은 단편소설 작가의 삶과 작품에서 알아보는 것은 만 그 자신의 작업 윤리, 인간적 회의주의, 반어법이며, 자기를 변화시킬 수 있는 능력이야말로 가장 중요한 도덕적 의무라는 생각이다.

만은 체호프의 《지루한 이야기》에 깊은 영향을 받았다. 자포자기한 젊은 여자가 늙고 박식한 남자에게 그녀의 인생에서 무엇을 해야 할지 묻는다. 자신의 모든 경험과 지식에도 불구하고 그 교수는 "진심으로, 카챠야, 나도 모른다"라고 말하는 것 이상으로 해줄 말이 없다.[36]

체호프의 이야기들에 대한 만의 독서는 인간은 '진리의 구원'을 제공할 수 없으며 예술도 인류를 구원할 수 없다는 깊게 자리 잡은 그의 믿음을 확인해주었다. 기껏해야 예술, 아름다움, 이야기 들은 인간 영혼을 두려움과 증오에서 자유롭게 해줄 수 있으며, 그로써 인생의 여정에서 개인을 좀 더 멀리까지 인도할 수 있을 뿐이다. 예술은 권력일 수 없다. 하지만 예술은 위안을 제공할 수 있다. 우리에게 삶이 좋다는 것을 말해준다는 의미에서가 아니라 (왜냐하면 그건 거짓말일 테니까), 예술은 우리의 질문들과 가장 깊은 감정들을 나눈다는 의미에서.

토마스 만은 사색의 시간들의 가장 귀중한 열매인 그의 소설들이 독자에게 이러한 위안을 제공하기를 희망했다. 그렇게 된다면 그의 시간은 잘 보낸 것이 될 것이고 그의 실존은 정당화될 것이다. 그렇게 된다면 어쩌면 자비를 얻을 수 있을 것이다.

때맞은 질문들에 대한 때맞지 않은 대화들

너무 많은 배반이 있으며, 전반적인 지적 치욕의 분위기가 있다.
—스티븐 스펜더,《세계 속의 세계》[37]

1

어떤 대화들은 잊을 수 없다.

아테네의 항구 피레우스 근처에 있는 장려한 집에 몇
명의 부유한 청년이 모여 있다. 그날 저녁에 있을 사냥의
여신 아르테미스를 찬양하는 축제 행사를 기다리면서. 여
름이 다가오고 있고, 오후는 덥고, 시간은 느릿느릿 기어
갈 듯하다. 집주인은 자기 집 근처에서 토론 기예의 재능

으로 아주 유명한 한 친구를 우연히 만난다. 집주인은 다
정하지만 확고하게 모임에 합류할 것을 청한다. 무기력
과 나태함을 내쫓는 데 좋은 대화만 한 게 있겠는가? 그
는, 이 특별한 친구는, 기이한 사람이다. 옷과 맨발은 그
가 그다지 부유하지도 밖으로 드러내는 데 관심이 있지도
않다는 것을 입증한다. 그는 작고, 중년이고, 단단한 체구
다. 수염 기른 얼굴의 친절한 눈은 좋은 천성과 예리한 재
치를 누설한다. 집주인의 늙은 아버지 케팔로스는, 소크라
테스가 집에 온 걸 보고는, 예상치 못했으나 반가운 그 손
님을 따뜻하게 맞이한다. 소크라테스는 공손하게 노인의
안부를 묻는데, 그는 지상에서의 시간의 겨울에 다가가
고 있다. 케팔로스는 불평할 이유가 전혀 없다고 답하며,
노령을 대하는 것은 전적으로 성격의 문제라고 설명한다.
너 자신이 협조적이고 우호적이라면, 동일한 방식으로 대
접받을 것이다. 그러면 노년은 거의 문제될 것이 없다. 소
크라테스는 동의한다. 하지만 동시에 그는 늙어가는 것을
쉽게 받아들일 수 있는 것이 어쩌면 그의 그 늙은 친구의
성격보다는 큰 재산 때문이지 않을까 궁금해한다. 케팔로
스에 따르면, 돈이 있느냐 없느냐가 실로 차이를 가져오
기는 하지만, 성격이 훨씬 더 중요하다. 정중한 소크라테
스라고 해도 이 진술의 실제 의미에 대한 멈추지 않는 호

기심을 억누를 수는 없다. 그는 노인에게 묻는다. "많은 재산을 가짐으로써 덕을 본 것 중에서 가장 좋은 것은 뭐지?"[38] 노인이 답하기를, 저승에서 기다리고 있는 것이 두려워서 죽음이 다가옴을 느끼는 그 누구든 자신의 과거를 검토하지 않을 수 없는데, 이는 자신의 삶이 정의로운 삶이었는지, 여태껏 누군가를 부당하게 대한 적이 있는지를 알아보기 위해서다. 노인이 말하기를, "나는 재산 덕분에 정의로운 삶을 사는 게 더 쉬웠지. 부유한 사람은 속이거나 거짓말을 하지 않아도 되고, 빚진 채로 저승으로 가버리지 않아도 되니까".[39]

하지만 정의란 "정직함", "받은 것은 갚는 것"과 같은 것인가? 부유함은 정의로울 수 있는 능력을 위한 조건인가? 정의란 무엇인가? 정의의 의미는 무엇인가? 사람은 정의롭기 위해 무엇을 추구해야 하는가? 정의로운 사람의 삶은 정의롭지 않은 사람의 삶보다 실제로 더 행복한가? 소크라테스가 가장 애지중지하는 주제와 관련하여 갑자기 수많은 질문들이 출현한다. "왜냐하면 이 논의는 예사로운 것에 관한 것이 아니라, 어떤 방식으로 살아가야만 하는지에 대한 것이기 때문이지."[40]

그들은 오후를 몽땅 그렇게 보냈다. 좋은 대화를 위한 좋은 시간.

플라톤의 형 글라우콘은 다음과 같은 이야기를 들려줌으로써 문제를 분명히 보여줄 수 있다. 옛날 옛적에 한 목자가 사람들 눈에 보이지 않게 해주는 금반지를 발견했다. 목자는 이제 왕궁에 들어가 여왕을 유혹하고 왕을 죽이고 권력을 차지할 수 있었다. 글라우콘이 묻기를, 그런 반지가 두 개 있어서 정의로운 사람과 불의한 사람이 각각 하나씩 낀다면 어찌 될까? 원하는 것을 무엇이건 갖고, 원하는 그 어떤 여자와도 교접할 수 있고, 사람을 죽일 수도 있고, 요컨대 인간들 사이에서 신처럼 그 무엇이건 자유롭게 할 수 있게 해주는 권력을 갖는데 왜 계속해서 정의롭게 있는단 말인가? 이것은, 글라우콘이 보기에, 사람들이 자발적으로 정의로운 것이 아님을 보여주는, 솔직해질 용기가 있는 사람이라면 불의가 정의보다 훨씬 더 이득이라고 여길 것임을 보여주는 강력한 증거다.[41]

그렇지만 소크라테스에게 최고의 불의는 정의롭지 않으면서 정의롭게 보이는 것이다. 진정으로 정의로운 사람은 단지 좋은 사람처럼 보이기를 원하는 게 아니라 좋은 사람**이기를** 원한다. 정의로운 사람에게는 보상도 명성도 아무 관심거리가 아니다. 소크라테스는 정의가 좋다는 것, 불의는 언제나 나쁘다는 것, 그렇기에 결국 가장 행복한 사람은 정의로운 사람이라는 것을 친구들에게 납득시켜야만 한다.

정의의 본질을 파헤치기 위해, 소크라테스는 단어의 의미를 더 큰 맥락, 국가라는 맥락 안에서 검토하자고 제안한다. 그러한 발견물들에 기초하면, 정의로운 개인의 성격을 규정하기가 더 쉬울 것이다.[42] 이어지는 논의에서 그들은 최선의 국가는 모든 시민에게 인간 존엄이 보장되는 사회라는 결론에 이른다. 지혜, 용기, 절제가 지배할 것이다. 그리고 정의는 모든 시민이 가질 자격이 있고 적합한 것을 갖는 데 있을 것이다.

적합한 것을 가질 때, 정의로운 사람은 인간 존엄의 본이 될 것이다. 정의로운 사람은 지혜로울 것이고, 진리를 사랑할 것이고, 배반과 간통, 어버이에 대한 무관심, 신들에 대한 소홀함을 알지 못할 것이다.[43] 정의로운 사람은 영혼의 비이성적인 부분을 이성이 제약하기 때문에 절제와 용기에 능할 것이다. 이어지는 대화가 분명히 하듯, 정의는 좋은 것에 대한 앎 없이 존재할 수 없다. 최고의 미덕은 정의로운 사람에게 가장 핵심적인 앎을 제공한다. 즉 무엇이 가장 좋은 것인지에 대한 앎과 선과 악을 구별하는 능력을 제공한다. 정의에 대한 열망은 좋은 것에 대한 탐색, 자기 자신의 영혼과도 동료들과도 조화를 이루는 실존에 대한 쉼 없는 탐색을 낳는다.

그렇다면 불의는 무엇을 제공할 수 있을까? 무절제, 비겁, 무지.[44] 정의롭지 않은 사람은 행복할까? 소크라테스는 수사학적 질문으로 응답한다. "가령 누구든 황금을 정의롭지 못한 방법으로 갖게 되는 것이, 그 황금을 갖게 됨과 동시에 자신의 가장 훌륭한 부분이 가장 사악한 부분에 종살이를 하게 될 경우에, 그에게 이로울 수 있겠는가?"[45] 아니다. 가장 행복한 삶은 정의로운 사람의 삶이다.

이제 소크라테스는 논리적이지만 놀라운 결론에 이른다. 모든 사람이 자신이 가장 능숙하게 할 수 있는 일을 해야 하는 것이라면, (아름다움, 정의, 선함을 보장해주는 법의 창조와 유지에 대한 책임을 수반하는) 국가의 통치는 가장 좋은 것을 하는 데 가장 많은 경험이 있고 선과 악의 구별을 알고 있는 사람들에게 맡겨야 한다. 엄숙한 목소리로 소크라테스는 말한다. "철학자들이 나라들에 있어서 군왕들로서 다스리거나, 아니면 현재 이른바 군왕 또는 최고 권력자들로 불리는 이들이 진실로 그리고 충분히 철학을 하게 되지 않는 한, 그리하여 이 둘이 즉 정치권력과 철학이 한데 합쳐지지 않는 한, 여보게나 글라우콘, 나라들에 있어서, 아니 내 생각으로는, 인류에게 있어서도 나쁜 것들의 종식은 없다네."[46]

* * *

아직 저녁이 되지 않았다. 소크라테스와 그의 친구들 간의 대화는 계속된다. 하지만 소크라테스의 앞선 언급, 즉 철학자들과 지식인들이 지배하는 국가만이 유일하게 완벽한 국가일 수 있다는 언급은 이미 또 다른 대화를, 못 지않게 잊을 수 없는 대화를 기억에서 되살린다.[47] 다시금 오후, 정확히 말하면 일요일 오후, 그리고 다시금 여름. 하지만 이번에는 지중해 열기의 무기력을 걱정할 필요가 없다. 스위스 산의 여름 오후는 쾌적하다. 이 특별한 오후에, 다보스 도르프에 있는 작은 집의 꽤 널찍한 방에 네 사람이 모여 있다. 주인은 마르고 그다지 매력적이지 않지만 잘 차려입은—유대인 혈통이긴 하지만—예수회 회원이다. 그는 한때 고전어들을 가르쳤다. 결핵을 앓고 있으며, 건강 때문에 고산지대의 맑은 공기를 찾지 않을 수 없었다. 이따금 여전히 지역 중등학교에서 가르치기도 한다. 하지만 그것 말고는, 그의 수도승 같은 질서가 그를 지탱해준다. 모임에서 최연소자는 20대 초반 금발 남자다. 최근에 대학을 졸업한 엔지니어. 그는 모임에 같이 참석하고 있는 프러시아 군대 중위인 나이가 조금 더 많은 사촌을 방문하러 3주 예정으로 다보스에 왔다. 그렇지만 방문기간 중에 그 역시 경미한 결핵 진단을 받았다. 그래서 모두 다 그가 저지대로 돌아가지 않고 당분간 베르그호프 요양원에 머무는 게 좋겠다고 생각한다.

두 사촌형제는 원래는 단지 선생에게 인사차 방문한 것이었다. 하지만 그들이 막 들어갔을 때 셋째 손님이 등장한다. 검은 콧수염을 하고 체크무늬 바지만 입는 우아한 신사. 그는 이탈리아인이고, 고전 인간주의 전통에 대한 깊은 열정을 지닌 문인이다. 교육 또한 그가 사랑하는 소명이다. 그는 그 젊은 엔지니어를 그가 속한 전통의 지혜로 입문시킬 수 있는 사람으로 본다. 예수회 회원은—실제로는 같은 건물 사람이며, 이 인간주의자는 다락층에 살고 있는데—그의 적수다. 그 두 지식인 사이에는 정중한 존경이 있다. 하지만 의견 차이가 너무나도 커서 상호 이해는 있을 수 없다.

방주인이 소유하고 있는 14세기 피에타—젊은 엔지니어로 하여금 어떻게 그토록 추한 어떤 것이 동시에 그토록 아름다울 수 있는지 궁금해하게 만드는 나무조각상—때문에, 아름다움과 관련하여 영혼의 우선성 대 자연의 우선성에 대한 토론이 발생한다. 인간주의자는 인간의 아름다움과 존엄을 반영하지 않는 정신적인 그 무엇도 진정으로 명예로울 수는 없다고 말한다. 더 나아가, 이 조각상이 끔찍한 종교재판 시기에 만들어진 데는 이유가 없지 않다. 그 당시는 인간 영혼의 안녕에 대한 요청이 개인의 자유보다 더 중요하다고 여겨졌다.

예수회 회원은 응수한다. 르네상스, 자연과학의 발전, '객관적 인식'과 '객관적 진리'에 대한 강조가 있기 전까지 개인에 대한 진짜 능멸은 시작되지도 않았다. 이러한 것들은 인류의 정신적 복지에 대해 사실상 아무 할 말도 없다. 가톨릭교회가 절대 권력을 보유하고 있었다면, 인간이 교회의 지도하에 중요한 유일한 앎, 신에 대한 앎에 전념했다면 더 좋았을 것이다.

인간주의자가 반박한다. "하지만 그것은 국가의 절대주의야. 이리하여 온갖 범죄의 문이 활짝 열리게 되고, 그러면 인간의 진리, 개인의 공정성, 민주주의, 이런 것들이 과연 어떻게 되겠는가?"[48]

그의 적수는 꿈적도 하지 않는다. "너의 이상들, 자유주의, 개인주의, 인간주의적 시민정신은 진작 지나가버렸고, 이러한 이상은 죽어버렸고, 적어도 오늘날 빈사 상태에 있지. 그리고 이러한 이상에 최후의 일격을 가할 사람들의 발이 벌써 문 앞에 성큼 다가왔어. 내가 잘못 생각한 것이 아니라면 너는 자신을 혁명가라고 생각하고 있어. 하지만 장차 일어날 혁명의 산물이 자유라고 생각한다면 크게 착각하고 있는 거야. 자유의 원칙은 지난 500년 동

안 실현되어오면서 시대에 뒤떨어졌어. 오늘날 계몽주의
의 후예라 자처하면서, 비평, 해방, 자아의 육성 및 절대시
되어온 생활 형식의 폐지를 부르짖는 교육학, 그러한 교
육학은 미사여구에 의해 일시적으로 성공할지 몰라도, 식
자들이 볼 때 그것의 후진성은 의심의 여지가 없어. 진정
한 교육적 단체들은 죄다 자고이래로 교육학에서 정말 중
요한 것이 무엇인지 잘 알고 있었어. 말하자면 중요한 문
제는 절대 명령, 철저한 구속, 규율, 희생, 자아의 부정 및
인격의 억압이었지. 더구나 청년들이 자유를 갈망한다고
생각한다면 그것은 청년을 제대로 이해하는 것이 아니야.
청년이 마음 깊은 곳에서 갈망하는 것은 바로 복종이야.
시대의 비밀과 계율은 자아의 해방과 발전이 아니야. 시
대가 필요로 하고, 요구하며, 실현시키려고 하는 것, 그것
은 바로 **공포**지."[49]

침묵이 흐른다. 잠시 후, 원래는 그토록 웅변적이었던
그 인간주의자는, 금방 들은 이야기에 여전히 충격을 받
은 상태에서, 거의 의기소침해서 질문을 한다. "무엇이 이
러한 공포의 담당자라고 생각하지?"[50]

우선 그 가톨릭교도는 인류를 원시 낙원의 상태로 인도
할 도구로서 왜 교회가 옛날부터 세속적인 국가보다 우위
에 있는지 그 이유를 설명한다. 그는 창백한 문인을 질책

한다. "국가를 자유주의적 개인주의로 약간 수정하면 그것이 민주주의가 되지. 하지만 그렇다고 해서 국가에 대한 너의 원칙적인 관계는 조금도 변하지 않을 거야. 국가의 영혼이 돈이란 사실을 너는 분명 반박하지 못할 거야. 혹은 그것에 이의가 있어? 고대는 국가를 중요시하기 때문에 자본주의적이야. 기독교적 중세는 세속적 국가에 내재한 자본주의적 속성을 분명히 인식했어. '돈이 황제가 될 것이다'라는 11세기의 예언이 있었지. 이 예언이 그대로 적중하여 삶이 극도로 황폐하게 된 것을 너는 부정하겠어? 세상을 파멸로 몰고 간 건 너의 시민계급의 정치 이데올로기, 너의 자본주의적 민주주의의 자유야. 신정국가의 창시자인 그레고리우스 교황 시절부터 교회는 인간을 다시 신의 지도 아래 두는 것을 과제로 삼았어. 교황의 통치권 요구는 통치권 그 자체를 위해서가 아니었고, 교황이 신의 대리자로 행사한 독재권은 인류의 구원을 위한 수단과 방법이었으며, 이교도적인 국가에서 하늘나라로 가기 위한 과도기적 형태였어. 너의 국가는 무역의 자유, 자본주의를 믿지. 교회의 장로들은 '나의 것' '너의 것'이라는 말을 몹쓸 말이라고 일컬었고, 사유재산을 약탈이자 절도라고 칭했어. 이들은 토지의 사유를 비난했지. 신의 자연법에 따르면 땅은 만인의 공동 소유물이며, 공동으로 사용함으로써 땅에서 나는 곡식의 결실을 가져오게 하는 것이기 때문이야. 이들은 경제 활동을 무릇 영혼의 구원에, 즉 인간성에 위험하다고 부를 만큼 인간적이었고, 상업 활동에 극력 반대하는 입장이었어. 이들은 돈과 금융업을 증오했고, 자본주의적인 부를 지옥불의 연료라고 불렀어. 이들에게 명예로운 직업은 농민과 수공업자이지 상공업자가 아니었어. 이들은 수요에 따르는 생산을 원했지 대량 생산은 혐오했기 때문이야. 이제 이런 모든 경제 원칙과 기준은 수세기 동안 빛을 보지 못하고 파묻혀 있다가 근대 공산주의 운동에서 다시 살아나고 있어. 국제 노동계급이 국제 상인계급과 투기 세력에 대항하여 내걸고 있는 지배권 요구의 의미에 이르기까지, 양자의 일치는 완벽해. 오늘날 시민적, 자본주의적 부패에 맞서면서, 세계의 프롤레타리아계급은 인도주의와 신정국가의 기준을 구현하지. 프롤레타리아계급은 그레고리우스의 과업을 이어받았고, 그의 신에 대한 열성은 프롤레타리아 속에 불타고 있어. 교황과 마찬가지로 프롤레타리아계급도 손에 피를 묻히는 것을 두려워하면 안 돼. 프롤레타리아계급의 임무는 세계의 구원을 위해, 구원의 목표를 달성하고 국가도 계급도 없는 신의 자식 상태를 이룩하기 위해 공포 정치를 행하는 데 있지."[51]

이 대화는 계속되었다. 그곳 마의 산에서. 이곳에서 저지대의 평범한 것들은 너무나도 멀어 보였다. 하지만 왜소한 예수회 공산주의 지식인은, 누그러짐 없이 공포의 시대를 예언했지만 프롤레타리아 독재의 역사적 필연성을 똑같이 확신하고 있었던바, 훨씬 더 호감 가는 그의 도전자보다 시대의 징후를 더 잘 이해하고 있었다. 부르주아 자본주의 사회의 '확실성의 황금기'는 여전히 살아 있었지만, 세계의 몰락이 기다리고 있었다. 러시아에서는 제1차 세계대전 발발 이후에 볼셰비키 혁명이 시작되었다. 그리고 그 혁명은, 인간 영혼의 지적인 수호자가 예언했듯이, 자유가 아니라 공포를 가져왔다. 레닌이라는 인물 속에서 소크라테스적 소원이 실현되었다. 지식인이 왕이 되었다.

* * *

하지만 유럽 역사의 기억 속에는 또 다른 대화가 새겨져 있다.[52] 이 대화는 이전 토론자들이 있었던 산과 그렇게 멀리 떨어져 있지 않은 뮌헨에서 단지 6년 뒤에 발생하지만, 유럽 세계는 근본적으로 변했다. 제1차 세계대전이 끝났으며, 독일 제국도 끝났다. 러시아에서 프롤레타리아 독재는 기정사실이다. 유럽의 미래는 무엇일까?

뮌헨의 예술가와 지식인 구역 슈바빙에서, 선도적인 정

신들이 '신사들의 철학토론 밤'을 위해 유명한 판화가이
자 북 디자이너인 식스투스 크리트비스의 집에서 정규적
으로 모인다. 그렇게 그들은 1919년 봄날 저녁 다시 만난
다. 그곳에는 박식한 학자 샤임 브라이자허 박사, 철학적
고생물학자 에곤 운루에 박사, 문학사가인 게오르크 포글
러 교수, 미술사가이자 뒤러 연구가인 홀츠슈어 교수가
보인다. 한 부유한 제조업자와 두 명의 상류 귀족들―친
절하지만 총명하지는 않은 두 젊은이―또한 이 모임을 위
해 저녁 시간을 비워놓았다. 더 나아가, 유명한 시인 다니
엘 추어 회에가 자신의 시 〈포고〉를 거기서 낭독하는데,
그 시는 이런 외침으로 끝을 맺고 있다. "병사들이여! 제
군들에게 약탈할 권한을 부여하노라. **온 세상**을 약탈할
권한을!" 시인이 탁자에서 자기 자리에 다시 앉자 사람들
은 "아름답다"를 연발한다.[53]

고상한 시 예술이 끝나고, 그들은 대화 주제로 돌아간
다. 즉 현재의 사회 현실에 대한 전망. 전쟁이 확고해 보
이던 삶의 가치들을 타격하고 파괴했다는 생생한 감각이
있다. 그것은 깊숙이 느껴지는 정서이고, 그들에 따르면,
전쟁으로 인해 개개인이 겪은 엄청난 자기가치 상실에서,
오늘날 개개인의 삶에 만연해 있는 부주의, 사람들의 마
음속에 깔려 있는 인간 개개인의 고통과 파멸에 대한 전

반적인 무관심에서 객관적으로 확인되었다. 이러한 부주의, 개인의 운명에 대한 이러한 무관심은 이제 막이 내린 4년 동안의 피비린내 나는 전쟁을 통해 조장된 것일 수 있다. 그러나, 그들이 주장하기를, 착각해서는 안 된다. 다른 여러 사안도 그렇지만, 여기서도 전쟁은 이미 오래전부터 준비되어왔고 새로운 생활 감정의 바탕에 누적되어 온 것을 완결짓고 분명히 하고 극한의 체험으로 만들었을 뿐이다.[54]

민주주의 공화국과 공화국의 자유는 단 한순간도 이 신사들이 염두에 두고 있는 새로운 상황을 위한 진지한 제도적 틀로 인정되지 않으며, 만장일치로 당연하다는 듯 금방 소멸할 것으로 간주되며, 애초부터 현 상황에서는 무의미한 것으로, 심지어 시시한 장난으로 간주된다.[55]

전쟁이 일어나기 7년 전에 출간된 조르주 소렐의 책 《폭력에 대한 성찰》은 이 문명 비판적인 전위파의 대화에서 중요한 역할을 한다. 전쟁과 무정부 상태에 대한 그의 가차 없는 예언, 유럽을 전쟁 같은 대격변의 토양이라고 보는 유럽에 대한 그의 성격 규정, 이 대륙의 민족들은 언제나 단 하나의 이념, 전쟁을 하겠다는 이념으로만 하나로 뭉칠 수 있었다고 하는 그의 이론—이 모두는 그 책이 시대의 책이라고 불릴 수 있는 권리를 주었다. 그들은 소

렐의 결론에 열광한다. 이후로는 대중적 신화, 아니 대중
에게 적합한 신화들이 정치 운동의 수단이 될 것이라는,
그리고 진리, 이성, 학문과 아무 상관없이도 창조적일 수
있는 우화, 미몽, 망상 들이 삶과 역사를 결정할 것이고
그로써 자신들이 역동적 현실임을 입증할 것이라는 결론.
이 책의 가장 중요한 테제는 폭력이 진리의 맞상대, 승리
를 거둔 맞상대가 된다는 것이다. 이 테제는 진리의 운명
이 개인의 운명, 즉 가치 격하의 운명과 밀접하게 관련되
어 있으며, 실로 그 운명과 동일하다는 것을 깨우치게 해
준다. 그 책은 진리와 권력, 진리와 삶, 진리와 공동체 사
이에 냉소적인 균열을 열어놓는다. 그것의 암묵적 메시
지는 공동체가 훨씬 더 우월하며, 진리의 목표는 공동체
이며, 공동체의 일원이 되기를 소망하는 사람이라면 누구
든 진리와 학문의 주요 부분의 희생에 대한, 지성의 희생
sacrificium intellectus에 대한 준비가 되어 있어야만 한다는 것
이다.[56]

　지식인들은 어떤 오래되고도 새로운, 혁명적이고도 역
행적인 세계를 활기차게 논의하고 있다. 그 세계는 개인
이라는 이념에 연결된 가치들, 가령 진리, 자유, 정치, 이
성 같은 가치들이 완전히 힘을 잃고 배척된, 혹은 적어도
지난 세기 동안 통용되던 것과는 전혀 다른 의미를 띠게

된 세계다. 즉 그런 가치들은, 무기력한 이론에서 벗어나이제 혈기 왕성하게 상대화되어, 훨씬 더 높은 심급의 폭력과 권위와 믿음의 독재에 연루된다. 이 새로운 조류는인간들을 중세의 신정적인 상황 속으로 되돌려놓는다. 하지만 이 유식한 사람들에 따르면, 지구를 반대 방향으로일주한다고 해서 뒷걸음치는 길이라고 할 수 없듯이, 그런 사태를 그저 반동적이라고 할 수는 없다. 퇴보와 진보,옛것과 새것, 과거와 미래는 하나가 되며, 정치적 우익은점차 좌익과 합세한다. 결과적으로, 이 사람들은 만장일치로 다음과 같은 의견이다. 부르주아 시대의 산물인 일체의 인간 나약화는, 전면적 전쟁과 혁명의 시대, 인간성을비웃는 엄중하고 암울한 시대에 대처해, 본능적 인간 형성에 자리를 내주어야 한다. 이 시대는 중세 기독교 문명보다 훨씬 이전 시대로 되돌아갈 것이며, 고대 문화가 붕괴한 이후 중세 기독교 문화가 형성되기 이전의 암흑기를재현할 것이다.[57]

1919년 저 이른 봄 저녁 유럽의 미래에 대한 뮌헨에서의 진단은 이와 같았다. 놀라운 것은 이 지식인들, 유럽의문화적 전통을 대표한다는 지식인들이 별다른 근심 없이미래에 대한 진단을 내렸다는 것이다. 반대로 그들은 야만을, 유럽 문명 이전 시기로의 회귀-전진을 다소 흥미로운, 심지어 긍정적인 것으로 간주했다. 단지 그것에 대한 인정이 충분한 성과이고 또한 홍겹기 때문에. 그것이 홍 겨웠던 것은 이 선도적인 정신들이 너무나도 오랫동안 신 성불가침한 것으로 간주된 저 삶의 가치들이 파괴되는 것 에 공감하는 경향이 있었기 때문이다.

《마의 산》(1924)에서 이미 유럽 문명 상실의 연대기를 썼던 토마스 만이 《파우스트 박사》에서 이 특정 토론을 다음 세대들을 위해 몸서리치면서 있는 그대로 기록했을 때, 그의 도시에 살고 있는 문화 엘리트의 비전은 이미 현 실이 되어 있었다. 2,000년도 더 된 문명의 토대들이 파괴 되고 있는 중이었다. 폭력과 권력이 진리와 자유에 승리 를 거두었다.

"철학자들이 나라들에 있어서 군왕들로서 다스리거나, 아니면 현재 이른바 군왕 또는 최고 권력자들로 불리는 이들이 진실로 그리고 충분히 철학을 하게 되지 않는 한, …… 나라들에 있어서, 아니 내 생각으로는, 인류에게 있 어서도 나쁜 것들의 종식은 없다네."[58] 정말로 그런가, 소 크라테스?

* * *

2001년 9월 11일에, 열아홉 명의 남자가 미국에서 비행 기 네 대를 납치했다. 한 대는―분명 승객과 납치범 사이에 벌어진 싸움으로 인해—추락했다. 또 한 대는 펜타곤 한쪽을 무너뜨렸다. 다른 두 대의 비행기는 곧장 세계무역센터 타워로 날아갔다. 비행기 승객 전원, 붕괴한 타워 안에 있던 사람들, 300명 이상의 소방관과 경찰을 포함해서, 3,000명 이상의 사람들이 목숨을 잃었다.

　서양 사회의 정치 지도자 대부분은 그 공격을 서양 문명에 대한 공격으로 본다. 상당히 많은 저명한 좌파 지식인은 이 견해를 공유하지 않는다. "집 없는 자, 권력 없는 자, 공포에 질린 자, 소수자들이 반격으로 테러를 이용하고 있다." 네덜란드 저널리스트 반 후케가 말한다. 이탈리아 노벨문학상 수상자 다리오 포는 이렇게 논평한다. "거대 투자자들은 매년 천만 명의 사람들을 가난으로 죽이는 경제에서 뒹굴며 놀고 있다. 그런데 뉴욕에서 2만 명이 죽는 게 무슨 대수란 말인가? 누가 그 대학살을 수행했는지와는 상관없이, 이 폭력은 폭력, 굶주림, 비인간적 착취 문화의 적법한 딸이다."[59] 수전 손택은 궁금해한다. "이것이 '문명'이나 '자유'나 '인류'나 '자유세계'에 대한 '비겁한' 공격이 아니라, 특정한 미국의 동맹들과 미국의 행위들 때문에 착수된 세계 초강대국을 자처하는 나라에 대한 공격이었다는 사실에 대한 인정은 어디 있는가?"[60] 노먼 메일러는 암스테르담의 도취된 청중에게 말한다. "미국의

온갖 잘못은 이제 바벨탑을 건설하는 지경에까지 이르렀
으며, 따라서 그 탑은 파괴되어야만 했다. 미국은 뿌리가
없는, 문화가 없는, 텔레비전과 상업에 지배된 나라다. 그
나라는 둔하고 멍청하다. 돈이 모든 것을 부차적으로 만
들었다. 우리는 돈에 강박적으로 집착하게 되었다. 그 공
격은 비판으로 간주되어야 한다. 위대한 나라는 비판을
관용할 수 있다. 이것이 위대한 나라를 알아보는 진정한
시험이다."

　9·11에 대한 이러한 관점들―유럽과 미국의 수많은 명
성 있는 지식인들이 공유하는 사고방식을 상징하며 대표
하는데―은 다 더해보면 결국 이렇다. 서양 문명에 대한
공격이라는 문제는 전혀 없다. 반대로, 이 테러 행위는 영
혼을 돈―상업, 자본주의, 세계화, '이익'의 정책―에 팔
아넘긴 한 사회에 대한 논리적인 반응이다. 이 모든 악들
의 화신인 나라에서 3,000명의 9·11 죽음은 문명 결핍의
불가피한 결과다.

　제1차 세계대전 이전에 다보스 도르프에서 있었던 공
산주의 예수회 회원과 인간주의 문인 사이의 토론은 결국
결투로 끝을 맺는다. 근본적 불일치만 있었던 게 아니라,
계속되는 충돌의 주제 또한 근본적이었다. 문명이란 무엇
인가? 인간 존엄의 어떤 이미지, 어떤 이상이 문명의 결합

조직이어야 하는가? 이 이상에 생명의 피를 제공하는 어떤 가치, 어떤 자질들이 존경받고 보호되어야 하는가? 이것들은 근본적인 질문들인데, 왜냐하면 그것들에 대한 대답은 우리의 행위를 측량하는 도덕적 기준에서, 선악의 구별에서, "좋은 사회란 무엇인가?" "올바른 삶의 방법은 무엇인가?"라는 소크라테스적 질문에서 결정적이기 때문이다.

토마스 만은 조국의 운명에 관한 그의 연대기들 속에서 동료 시민들의 토론을 전율 없이는 생각할 수 없었는데, 왜냐하면 다시 한 번 서양의 문명이 논의되고 있었고 그러고는 거부되었기 때문이다. 나치즘이 독일에서 권력을 잡았다.

9·11 공격은 서양 문명을 겨냥한 것이었는가, 아니면 서양의(특히, 미국의) 문명 결핍의 결과였는가? 이 질문은 그 답이 서양 사회의 미래에─서양적인 문명의 이상에─영향을 주기 때문에 중요하다. 우리가 이미 확실히 알고 있는 것은 이것이다: 한편으로 정치와 인민과 다른 한편으로 문화적 엘리트(소크라테스가 말하는 '문명의 수호자') 사이에 벌어진 불일치가 화해 불가능할 정도로 막대한 것이라면, 그 문명의 이상은, 그게 무엇이건, 심각한 곤란에 처해 있는 것이다.

* * *

서양의 문화사에서, '문명'은 상대적으로 신생 개념이다. 프랑스 사상가 콩도르세가 정의한 바로서의 그 단어 자체는 18세기 후반이 될 때까지 표준적 용어가 되지 못한다. 문명이란 정치적 변화를 도입하는 데 **폭력이 필요 없는** 사회를 의미한다. 권력이 분리되어 있기 때문에, 누구도 절대적 권력을 갖지 않는다. 헌법과 민주주의적 자유를 수호할 제도들이 정치적, 지성적, 종교적, 예술적 자유를 보장한다.

상대적으로 덜 알려진 스코틀랜드인 존 밀러가 《사회 안에서의 등급 구분에 관한 고찰》(1773)에서, '문명'이라는 용어를 아마 처음 사용했을 것이다. 그는 그것을 "풍요와 안전의 자연적 결과인 습속의 고상함"이라고 정의한다.[61] 번영과 안전 없이는 문명도 없다. 폐쇄된 봉건제도와의 단절, 부르주아계급, 도시, 무역의 부상, 상업경제, 민주주의적 자유는 문화적 개화와 다양한 문명 형태의 발전을 위해 가장 중요한 자극들이다. 그렇지만 그 두 요인, 즉 번영과 안전이 문명의 창조와 생존에 필요하지만 결코 문명의 존재를 보장하지 못한다는 것은 분명하다. 번영과 안전은 문명이 존재하기 위한 조건들이지, 문명의 본질을 형성하는 가치가 아니다. 안전이 한 사회의 배타적 목적이 되면, 그 사회는 문명에 자양분을 제공하는 자유를 결여하는 경찰국가를 낳을 것이다. 물질적 번영을 절대적 가치로 고양시키는 사회 역시 문명을 갖지 못할 것이고, 퇴폐로 인해 소멸할 것이다.

서양 사회는, 그 사회 자체의 문명 이상을 척도로 해서 측량할 때, 심각한 위기에 처해 있다. 이 문명 이상에 애착을 가진 그 누구건 오늘날의 사회를 비판하지 않을 수 없다. 그럼에도 문명의 한 가지 기본 기준은 여전히 유효하다. 즉 정치 변화를 가져오는 데 **그 어떤 폭력도 필요하지 않다**. 노동조합, 환경운동가, 인권활동가, 그리고 사회적으로 헌신하는 수많은 그 밖의 사람들은 폭력을 사용하지 않으면서 파급력이 큰 사회 변화의 달성을 증명할 수 있다—변화가 항상 아주 느리게 오고 끝없는 노력과 큰 설득력을 요구하기는 해도 말이다. 비폭력적 변화의 가능성은 권력이 나뉘어 있고 민주주의적 자유와 인권이 보장되어 있기 때문에 존재한다. 전체주의적 폭력의 어두운 에피소드 뒤에서—그런데 특히 바로 그 폭력에서 유럽을 구제해준 것이 미국인데—이것은 서양 사회의 바로 그 기질 속으로 파고들어간 몇 안 되는 역사적 교훈 중 하나다. 정치적 목적을 성취하기 위해 아직도 폭력을 사용하는 그 누구든 스스로를 대화에서 배제시키며 문명화되지 않은 것이다.

2001년 9·11 테러리스트 공격은 "집 없는 자, 권력 없는 자, 공포에 질린 자, 소수자들"의 작업이 아니었다. 오히려 그 반대다. 그 작전에는 50만 달러가 들었고, 1919년 독일 파시스트들이 갈망했던 중세 신정국가 이상과 동일한 이데올로기를 가진 고등교육을 받은 부유한 남자들이 주로 벌인 일이었다. 테러리스트들이 밀접하게 관계를 맺고 있는 종파인 탈레반의 세계관은—이번에는 이슬람이라는 형태로—전체주의적이고 파시스트적이다. 그들의 말을 듣는 누구든 다보스의 유대-가톨릭 공산주의자의 목소리를 다시 듣게 될 것이다. 정치적이건 지적이건 예술적이건 종교적이건 성적이건 그 어떤 자유도 관용되지 않을 것이다. 주된 규칙은 전능한 종교 지도자들에 대한 절대적 복종이다. 그들의 이데올로기에 따르면, 이 지도자들은 세계를 정화하여 참된 신자들의 영혼을 타락시키고 그로써 그들의 지상 유토피아를 위협할 수 있는 일체의 것을 몰아낼 것이다. 타락은 '불신자'의 존재와 더불어 시작된다. 즉 참된 신조에 서명하지 않는 모든 자들—더 구체적으로는, 인류 가운데 정치적, 지적, 예술적, 종교적, 성적 자유를 고수하는 부분. 군사력의 상징 펜타곤과 번영의 상징 세계무역센터는, 수많은 나라에서 온, 전 세계 각지에서 온 사람들이 일하는 그곳은, 그 두 건물이 서양 문명이 그것의 가치와 자유를 보존하면서 계속 실존할 수 있도록 해주는 안전과 번영의 조건을 상징한다는 **바로 그 이유 때문에**, 폭력의 과녁이 되었다.

공격 배후에 있는 사악한 정신은, 잦은 메시지를 통해서, 궁극적 목표와 관련하여 그 어떤 착오도 있을 수 없음을 분명히 했다. '불신자들'—그들의 문명, 그들의 가치, 그들의 자유—의 파멸. 그 사악한 정신의 전체주의적 이데올로기가 승리를 거둘 때까지 그 목표는 달성되지 않을 것이다. 그런 측면에서 9·11은 성전의 시작일 뿐이었다. 사람들이 대단히 알고 싶어 했던 9·11의 원인, 이유, 온상은 바로 이 한 가지 목표와 그것이 대표하는 상상도 할 수 없는 증오다.

* * *

탈레반의 전체주의적인 생각 속에서, 여자들은 아무 권리도 갖지 않으며, 동성애자들은 처형되며, (수천 년 된 부처상을 포함해서) 예술은 파괴된다. 종교 권위자들이 지시하는 것과 다르게 생각하는 그 누구든 관용되지 않을 것이다.

그토록 많은 것이 공공연하게 보도되는 세계에서, 서양의 문화 엘리트들이 이러한 야만성에 종지부를 찍으려는 단 하나의 시도도 하지 않은 채, 이처럼 폭력적인 중세적 신정국가가 세워질 수 있었다는 것은 놀랍다.

이 동일한 공동체가 9·11의 희생자들에게, 유일한 유해라고는 엄청난 폐허의 수집할 수 없는 먼지뿐인 그 남자들과 여자들에게, 아무런 동정심도 갖지 않는다는 것은 놀랍다. 비판적 엘리트들은 그들의 이름을 언급하지 않으며, 심지어 알지도 못한다. 그들의 삶이 추상물로 환원될 때 그들의 이름은 그들에게서 실로 박탈되었다. 공격은 그들에 대한 게 아니라 자본주의, 세계화, 미국주의에 대한 공격이었다.

환원주의가 그토록 많은 9·11 전문가들의 분석과 평가를 모든 측면에서 규정하고 있다는 것은 놀랍다.

반미주의는 부인할 수 없다. 접근법에 있어서, 가령 반유대주의, 반이슬람주의, 반미주의 간에는 아무런 차이도 없다. 각 경우, 다원성은 단일한 일차원적 이미지로 환원되는데, '반'은 온갖 종류의 특성들을 그 이미지에 판단적으로 귀속시킨다. 차후에 그 캐리커처는 유대교, 이슬람, 미국의 유일하게 참된 이미지로서 유지된다. 미국만을 생각해보자. 반미주의자에게서 '미국'은 언제나 자본주의, 상업주의, 대량생산, 키치, 가짜, 햄버거, 무전통, 텔레비전, 피상성, 군국주의, 제국주의 등등이다. 반미주의

자들은 이러한 현상 중 단 하나와 대면해도 언제나 '미국'을 본다. 그러므로 '미국'은 언제나 나쁘다. 이 황량한 이미지에는 긍정적인 그 무엇도 부합하질 않으니까. 그렇게 아주 오래전도 아니었을 때, 유사한 환원주의적 근시안은 프롤레타리아계급에 의한 그리고 그 계급을 위한 모든 것을 좋은 것으로 보았고, 부르주아계급에 의한 그리고 그 계급을 위한 모든 것을 나쁜 것으로 보았다. 이제 '가난한' 사람들은 언제나 희생양이고 '부유한' 사람들은 언제나 범죄자다. '미국'은 부유하고 따라서 결코 희생양일 수 없기 때문에, 미국이나 미국인에게 일어나는 모든 일은 언제나 '자기 잘못'이다. 이것은 이데올로기 신봉자들의 지성적 접근을 보여주는 두드러진 사례다. 그들은 현실을 오직 '좌'와 '우'만 지속적으로 실존하는 정치적 비전으로 환원한다. 선악의 개념과 일체의 도덕은 정치화되며, 이데올로기적 주형 안에 부어진다. '좌익'에 있는 모든 것이 옳다. '우익'에 있는 모든 것이 잘못이다. 그렇기에 반미주의자가 3,000명의 무구한 사람들의 냉소적 살인을 놓고 도덕적 적법성을 부여하는 것이 그렇게 놀랄 일도 아닌 것이다. 물론 이 살인 공격은 범죄다, **하지만**…… 자본주의, 세계화, 제국주의, 군국주의가 있고, 자기 잘못이 있고, 책임이 없지 않다. 그래서 희생양들은 책임이 있고, 공격은 그렇게 탓할 만하지 않으며, 살인의 악함이 그렇게 끔찍하지는 않다. '미국'은 언제나 나쁘고, 그러므로 미국에 대한 공격은 언제나 좋은 것이어야 한다. 그러므로 대량 살인은 용서할-수는-없지만-정말-이해는-가는 행위다. 문명의 이상이라고 처명된 것에 못 미치는 사회에 대한 비판에 들어맞는 정당화. 이러한 추리 방식은 새로운 게 아니다. 뮌헨의 살롱 파시스트들과 공산주의 유토피아의 지식인 사도들은, 때로 원칙상 부당하지 않은 사회 비판을 자기들 생각의 기초로 삼으면서, 행위하는 인간들—히틀러, 스탈린 등속—의 행위를 정당화할 필요가 있다고 항상 생각했다. 레이몽 아롱이 정확하게 지적한 것처럼, 이 지식인들은 민주주의의 약점에 대해서는 언제나 가차 없지만, 가장 큰 범죄에 대해서는 그 범죄가 그들의 이데올로기적 관점에 부합할 때 엄청나게 관대하다.

새롭지 않은 또 다른 것은 정신세계를 대표하는 사람들이 자행된 행위와 폭력에 매혹되고 때로는 그것을 우상화한다는 것이다. 이러한 숭배의 생생한 예증을 이미 괴테의 《파우스트》에서 발견한다는 것은 결코 우연의 일치가 아니다.

여기 씌어 있기를, "태초에 말이 있었다!"

이 대목에서 벌써 막히는구나! 누가 나를 도와 계속

할 수 있게 해줄까?

나는 말이란 말을 그렇게 높이 평가할 수가 없다.

정령으로부터 올바른 깨달음을 얻었다면,

나는 이 말을 다르게 옮겨야 한다.

이렇게 쓰면 어떨까, "태초에 뜻이 있었다!"

첫 번째 구절을 신중하게 생각해

붓이 너무 빨리 나가지 않도록 해야겠다!

만물을 창조하고 다스리는 것이 과연 "뜻"이랄 수

있을까?

차라리 이건 어떨까, "태초에 힘이 있었느니라!"

하지만 내가 이렇게 써내려가는 동안

벌써 거기에 집착하지 말라고 경고하는 것이 있다.

정령의 도움이구나! 갑자기 좋은 생각이 떠올라

기쁜 마음으로 기록하노니, "태초에 행위가

있었다!"[62]

　미디어는 그 공격을 '비겁한' 것이라고 부름으로써 큰
소동을 야기했다. 암스테르담의 청중에게 메일러가 했던
논평은 전형적이었다. "우리는 언어에 대한 존경을 완전
히 상실했다. 민주주의는 언어의 정확성과 강렬함에 대한

존경 없이는 기능할 수 없다. 콜린 파월 같은 유능한 관료를 예로 들어보자. 어떻게 그는 비겁한 공격이라고 말할 수 있는가? 그것은 엄청난 언어 남용이다. 괴물적 행위, 악마적이고 저열한 행위였을 수는 있다. 하지만 어떻게 이 테러리스트들을 비겁하다고 부를 수 있는가? …… 미국인들은 그러한 행위에 용기가 필요하다는 말을, 그런 인간들이 심지어 어쩌면 칭송받을 수도 있다는 말을 참을 수 없다. 잘못 해석될 수도 있지 않겠는가. 요점은 이렇다. 미국에 있는 우리는 그들이 맹목적이며, 자신들이 무엇을 하고 있는지 알지 못하는 정신이상 광신도라는 것을 확신한다. 하지만 저 가해자들이 옳을 거고 우리가 틀릴 거라고 한다면 어찌 되겠는가?" 자칭 언어의 수호자는 이렇게 말했다.

몇 주 뒤에 9·11 공격을 계획한 그 사악한 천재는 다시 발언을 했다. 이번에는 납치범들 대부분이 무슨 일이 일어날 것인지 알지 **못했다**고 말했다. 비행기에 들어서기 전까지 비행기를 접수하라는 지시를 받지 못했으며, 그때까지도 곧 어떤 죽음을 맞이하게 될 것인지 깨닫지 못하고 있었다. 이를 자세히 말할 때 그 남자는 자신의 영리함에 쾌활하게 낄낄 웃는다. 비행기를 조종한 남자들은 미리 전체 계획을 알지 못했지만, 최고의 보상을 기대할 수 있었다. 천국에서 가장 좋은 자리를. 이와 비교해서 이승이 무엇을 줄 수 있단 말인가?

질문은 남는다. 네가 너 자신의 죽음에 협력하고 있다는 것을 알고 있지도 못할 때, 너는 실제로 얼마나 용감할 수 있는가? 신의 천국이 너를 기다리고 있기 때문에 아무것도 잃을 것이 없을 때, 너는 얼마나 용감한가? 그리고 가능한 한 많은 생명을 파괴하도록 누군가를 충동질하는 것이 고삐 풀린 증오일 때 왜 그 사람이 칭송받아야 하는 것인가? 이 경우 '칭송'이라는 말은 얼마나 '정확한' 말인가? 더 나아가, 몇몇 언어 순수주의자들에 따르면, 뉴욕에서 인간 생명을 구하려는 최후의 시도로 의무감 때문에 그 아수라장 속으로 뛰어든 소방관들은 '영웅'이라고 불릴 수가 없다. 그들은 '순진'했다.

너는 현실을 어떻게 조각내지? 너는 현실을 셋으로 조각낸다. 너는 이미 너 자신의 이데올로기를 가지고 있기 때문에 진리를 던져버린다. 너는 정치적 신조가 그것 자체의 도덕성을 가지고 있기 때문에 선함을 밀친다. 그렇다면 남는 것은 '순수한 아름다움'과 '숭고한 행위'인데, 그것들은 비도덕적인 탐미주의자가 사치스럽게 칭송하는 것이다.

언어는 현실을 명명하기 위해 존재한다. 그리고 그런

측면에서 언어는 거의 신성한 기능을 갖는다. 즉 언어가 없다면 우리는 참된 것이나 좋은 것이나 아름다운 것을 결코 알 수 없다. 카를 크라우스, 빅토르 클렘페러, 알렉산데르 바트, 토마스 만—수많은 시인들과 작가들은 언어가 공격을 받을 때, 거짓말이 언어의 영혼의 진리를 근절할 것이라고 지적해왔다. 하지만 진리를 명명하는 일은, 현실을 자기 자신의 이미지와 가상으로 환원하는 것에서 시작되지 않고, 현실이 그 총체성 속에서 실존하도록 허락하는 것에서 시작된다.

시인은 모든 것이 명명될 수 없음을 안다. 철학자는 모든 것이 설명될 수 없음을 안다. 증오와 악은 결코 전적으로 설명될 수 없다. 사랑과 선함이 그럴 수 없듯. 이 현상들은 '이유'와 '원인'으로 환원될 수 없다. 그것들이 합리화될 수 없다는—그리고 그렇기에 처리되고 해결될 수 없다는—바로 그 사실 때문에 그것들은 그와 같은 권력을 갖는 것이다. 정신이상, 증오, 질투는 비합리적이고 맹목적인 힘들이다. 그러한 힘들에 사로잡힌 사람은 맹목적이 된다. 그리고—다시금—현실을 환원시킨다. 이것은 모든 정형화된 적의 비밀이다. 어떤 사람을 인간 이하^{Untermensch}로 환원하라, 그러면 너는 그 사람을 가책 없이 죽일 수 있을 것이다. 다르게 생각하는 어떤 사람을 '불신자'로 환원하라, 그러면 근본주의자들은 더 이상 그/녀를 존경할 필요가 없다. 친구들, 어머니들, 아버지들, 아이들, 사랑하는 사람들을 환원하라, 그러면 너는 그들의 죽음에 조금도 눈물을 흘릴 필요가 없다.

"오. 의미와 무의미가 뒤섞이고/ 광기 중에 이성이 있구나."[63] 리어의 사악한 딸들에게 눈을 잃은 아버지 글로스터에게 미친 리어 왕이 고함치고 악을 쓰는 소리를 들을 때 에드거는 겁이 나서 이렇게 속삭인다. 미친 사람이 소리치는 모든 것이 반드시 무의미한 것은 아니다. 때로는 그가 중얼거리는 것 안에 어떤 진리가 들어 있을 수도 있다. 그럼에도 "광기 중에 이성"은 광기가 합리화될 수 있고 이성이 될 수 있다는 걸 의미하지는 않는다. '설명들'과 '온상이론들'[64]이—처음부터 무의미한 말을 내뱉는 게 아닌 경우—좀 더 나은 부분에서도 거의 설명하는 게 없거나 아무것도 설명하지 못하는 것은 우연이 아니다. 그 '설명들'을 검토해보면, 서양(미국)에 대한 모든 비판을 그 '행위'로 투사하려는 욕망, 그리고 결과적으로, **해명될 수 없는 것**, 즉 악의 실존을 판단해야 할 필요에서 벗어나려는 욕망이 분명하게 드러난다. 그러는 동안, 그 공격 배후에 있는 그 두뇌는 그의 패거리와 함께 "기대했던 것보다 훨씬 더 많은 수천 명의 불신자들의 파멸"에 열광했다. 도

스토예프스키라면 이 사람들을 "악령"이라고 불렀을 것이
다. 이것이야말로 유일하게 정확한 규정이다.

저널리스트 반 후케는 그의 공개 일기에 이렇게 쓴다.
"예술가, 사상가, 작가들이 더 분명히 공개적으로 말할수
록, 정치인들의 통찰 결핍은 더욱 두드러진다." 그 반대가
참이다. 결코 적법화되지 말아야 하는 것, 대량 학살을 적
법화하는 너무 많은 지식인들이 있다. 선과 악의 구분을
자신들의 정치 이데올로기의 도그마에 종속시키는 지식
인들. 큰 소리로 소음을 일으키며 말하지만 현실에 대한
아무 통찰도 제공하지 않고, 단지 현실을 자신들의 응보,
원한에 빠진 응보로 환원하는 지식인들. 그것은 지식인
들의 배반이다. 하지만 20세기의 역사는 그것 역시, 아아,
새롭지 않다는 것을 보여준다.

2

잊을 수 없는 또 다른 대화가 있다. 큰 중요성 때문에 잊을
수 없는. 이미 언급된 세 개의 기억할 만한 대화들과는 달
리, 유럽 역사의 본무대 바깥에서 있었던 이 대화는 널리
알려질 자격이 있지만 그렇게 널리 알려지지는 않았다.

1946년 10월 29일 저녁, 네 남자가 파리 가장자리 볼로
뉴 숲 근처에 있는 집에 모인다. 집은 넓고, 인상적인 그

림과 조각 수집품으로 장식되어 있다. 방문객 네 명 다 잘 알고 있는 집주인 앙드레 말로는 그들을 안으로 들인다. 작가이자 정치가이자 공적 지식인인 그는 부유하고 유명할 뿐 아니라—언제나 드골 장군을 움직일 수 있다고 확신하는 사람으로서—전후 프랑스에서 권력의 중심에 있다. 방문객으로는 전쟁 기간 동안 스탈린주의의 거짓말과 폭력에 대한 매서운 고발장인 《정오의 어둠》이라는 소설로 유명해진 헝가리 지식인 아서 쾨슬러와 독일 유대인 작가이자 심리학자인 쾨슬러의 친구 마네 스페르버가 있다. 쾨슬러와는 반대로 소련에 동조하는 확고한 반미주의자 장-폴 사르트르도 거기 있다. 모임에서 가장 젊은 넷째 방문객은 작가이자 저널리스트 알베르 카뮈다.

그들이 모인 것은 현재의 정치적 상황과 그 상황이 황폐해진 유럽 문명에 대해 갖는 함축들에 대한 관심을 공유하고 있기 때문이다. 전쟁은 끝났다. 미국은 승리를 거두었고 원자폭탄을 가지고 있다. 스탈린주의 러시아는 승리를 거두었고 원자폭탄을 가지고 있는 거나 마찬가지다. 그 네 명은 두 초강대국이 관련된 곳에서 지식인들이 선제를 취해야 한다고 확신한다. 인권은 이제 **모든 곳에서** 방어되어야만 한다.

프랑스 그 자체로 본다면, 인권연맹은 프랑스 공산당과

너무 긴밀하게 연결되어 있는데, 프랑스 공산당은 모스크바의 보호를 받고 있다. 대화 주제는 국제적 범위를 갖는 새롭고 더 독립적인 인권 조직을 설립하는 게 더 좋지 않을까 하는 문제다.

쾨슬러가 시작한다. "최소한의 정치 도덕을 규정할 필요가 있어. 그리고 우리, 우리 지식인들은 쓸모 있는 것 같아도 절대로 쓸모 있지 않을 온갖 거짓 주장들을 더 이상 제공하지 말아야 해. 최근에 인터뷰하는 사람이 나보고 러시아를 증오하느냐고 물었어. 나는 히틀러 체제만큼이나 스탈린 체제를 증오한다고, 그리고 같은 이유로 증오한다고 말했어. 하지만 난 인정해야만 해, 그렇게 여러 해 동안 공산주의의 이상들을 위해 투쟁했는데, 더 이상 희망이 없어! 우리가 어떤 행동 수단을 아직 가지고 있지?"

그 자신 공산주의자인 적이 있었던 말로는 자신의 정치적 입장을 정의한다. 원칙적으로 그는 어떤 것을 지지하는데 여전히 관심이 있다. 하지만 그는 '프롤레타리아계급'에 의해 구현되는 진리를 여전히 믿고 있는 조직이나 개인들과는 아무 관계도 맺을 수 없고 맺지도 않을 것이다. 그는 담배를 뻐끔 피우고는 하인에게 그의 와인 잔을 채우라고 신호를 준다. "프롤레타리아계급은 가장 드높은 역사적 가치일까?"라고 그는 결말을 짓는다. 그게 전부인 양.

마음이 편치 않은 사르트르는 그 언급을 개인적으로 취한다. 그는 말로를 결코 좋아한 적이 없었다. 그를 그는 좌파 가면을 쓰고 있는 나르시시즘적인 부르주아 자본가로 간주한다. 그는 오지 말았어야 한다. 그는 말로와 아무 관련도 없기를 원한다. 그리고 이제 갑자기 계획에 반대한다고 선언함으로써 친구들을 놀라게 한다. "생각을 좀 해보았는데, 너희들 조직은 결국 프랑스 공산주의자들에게 등을 돌릴 거야. 그리고 나는 억압당하는 사람들의 이익을 보호하는 사람들을 포기할 수 없고 포기하지도 않을 거야. 나는 나의 도덕적 가치를 오로지 소련에 대항하는 쪽으로만 설정할 수는 없어. 수백만의 인간들을 잡아다가 강제수용소에 가두는 것이 한 사람의 검둥이를 린치하는 것보다 더 심각한 것은 사실이야. 그러나 한 사람의 검둥이에 대한 린치는 백년도 넘은 과거부터 계속되고 있는 어떤 상황, 결국 강제수용소에 갇힌 수백만의 체르케스인들만큼이나 많은 수백만의 검둥이들의 오랜 세월에 걸친 불행을 대표하는 상황의 결과야."

쾨슬러는 짜증이 난다. 지식인들이 그 어떤 정치적 행위를 취하기 전에 해야 할 첫 번째 일은 거대한 이념의 더 큰 영광을 위한 자기 자신의 궤변과 거리를 두는 것이라고 그가 금방 말하지 않았던가? 그는 퉁명스럽게 한마디

한다: "만약 우리가 고발해야 할 것을 고발하지 않는다면 작가로서 우리는 역사 앞에서 자신을 배반하는 것이라고 봐야 해. 침묵의 공모, 그게 바로 우리 뒤에 올 사람들의 눈에 비칠 우리의 죄목이야."

말로는 미소를 짓지 않을 수 없다. 사르트르는 아무 말도 하지 않고 카뮈를 바라본다. 그는 쾨슬러가 프롤레타리아계급을 거부하는 것에는 놀라지 않는다. 하지만 그는 젊은 카뮈에 대해서는 궁금하다. 카뮈는 사르트르가 자신한테서 무엇을 기대하는지 알고 있다. 하지만 그는 쾨슬러에게 공감한다. 쾨슬러는, 카뮈처럼, 가난이 무엇인지 안다―그 철학자가 프롤레타리아계급에 대해 끊임없이 설교한다고 해도, 그 철학자가 알지 못하는 어떤 것. 그리고 쾨슬러는, 카뮈 역시 그랬듯이, 공산주의와 확실히 거리를 두었다. 카뮈는 지식인들이 생각하기와 행동하기의 유일한 지침으로 진리 그 자체를 취할 수 없다면 그들의 정치적 도덕성 역시 파산한 것이라고 확신한다. "우리는 모두 가치 부재에 대해 책임이 있다고 생각하지 않아? 그리고 만약 니체 사상, 허무주의 혹은 역사적 리얼리즘에서 온 우리가 공공연하게 우리 생각이 잘못되었다, 도덕적 가치들이 있는 것이다, 우리가 이제부터 그 도덕적 가치들의 기초를 마련하고 그것을 구체적으로 보여주기 위해 필요한 일을 하겠다고 말한다면 그건 어떤 희망의 시작이 될 거라고 생각하지 않아?"

쾨슬러는 찬성하며 고개를 끄덕인다. 말로는 담배를 바라보면서 이것이 자신에게 정치적으로 아무 쓸모도 없다고 생각한다. 그리고 사르트르는 이 집에 다시는 발을 들이지 않겠다고 결심을 하고 나중에 이 모두를 더 자세하게 카뮈에게 설명할 것이다. 대화는 짧았다. 다 말했다. 갈 시간이다. 집에서 카뮈는 공책에 그 토론에 대한 짧은 노트를 적는다.[65]

우리는 이 대화를—아무리 짧고 불쾌한 것이었어도—잊을 수 없는데, 왜냐하면 그 대화는 문명의 본질이 무엇인지, 어떻게 문명이 상실될 수 있는지, 지식인의 책무는 무엇인지, 그리고 그들의 배반이 무엇을 의미하는지를 표현하고 있기 때문이다.

* * *

문명. 인간이 이중적 본성을 갖는다는 깨달음 없이 문명은 있을 수 없다. 인간은 육체적이고 세속적인 실존을 갖는다. 하지만 인간은 또한 정신적 존재를 가짐으로써, 그리고 이념들의 세계를 앎으로써, 다른 동물과 구별된다. 인간은 진리, 선함, 아름다움에 대해 알며, 자유와 정의, 사랑과 자애에 친숙하다. 모든 형태의 문명의 기초는

인간들이 자신들의 존엄과 참된 정체성을 자신들이 무엇
인지(살과 피)에서 도출하지 않고 무엇이어야 하는지(이 불
멸적인 생명-긍정적 성질들, 인간 실존의 가장 좋은 측면을 압축
하는 이 가치들, 인간 존엄의 이미지)에서 도출한다는 개념이
다. 발타사르 그라시안이 그의 걸작 《세상의 지혜》(1646)
에서 말하듯이, "귀금속은 무거운 것이 특징이고, 고상한
사람은 도덕적으로 훌륭한 것이 특징이다."[66]

　이 가치들은 모든 사람에게 동일하기 때문에 보편적이
며, 모든 시간의 가치들이기 때문에 무시간적이다. 문화는
이 무형의 정신적 성질들의 인식과 구현이 문화적 유산으
로 집적되어 있는 것이다. 그 자체 무시간적인 작품들만
이 의미가 있다. 그것들은 우리에게 세대에서 세대로 이
어지며 계속해서 말하는데, 왜냐하면 그것들만이 어떤 무
시간적 현실, 어떤 관념을 표현하기 때문이다. 바로 이 요
구, 이 무시간성이라는 특성이 문화의 모든 것과 모든 정
신적 가치들을 무방비 상태로 만든다. 문화는 무방비이
고, 목적 없고, 무관심적이어야 한다. 거기에 무시간적 의
미의 비밀이 놓여 있다. 대성당, 시, 조각, 신화, 현악 4중
주, 노래는 그 핵심에서 기능적이거나 유용하지 않을 수
도 있다. 이 모든 작품들은 우리에게 말해줄 어떤 것을 가
지고 있으며, 그 반대인 게 아니다. 무시간성을 향한 유일

하게 정확한 태도는 수용적이고 응대적이고 무관심적인 태도다. 그럴 때에만, 우리가 그것을 그런 방식으로 듣고, 보고, 경험할 때에만, 인간 정신의 창조물들은—비록 "말이 없더라도"—"그것들의 사색을 말하고, 영원한 수수께끼를 말한다"(J. H. 레오폴드의 문구). 그러므로 교양 있는 사람은 모든 것을 "그것이 내게 무슨 쓸모가 있지?" "그것을 가지고 내가 무엇을 할 수 있지?"라는 질문으로 환원하는 모든 사람들(공리주의자들, 유물론자들, 이데올로그들)의 정반대다. 그 누구도 현상 너머에 이르는 데 필요한 열린 마음가짐과 응대성 없이는 그 어떤 진리나 가치도 결코 알 수 없다. 칸트가 "무관심적 쾌감"의 필요를 말하는 데는, 그리고 그라시안이 《세상의 지혜》에서 "편견 없는 생각은 사려 깊은 정신을 언제나 길러주었고, 올바른 정신을 참된 기쁨으로 채워주었다"[67]라고 말하는 데는 이유가 없지 않다.

문명이란 무엇인가? 짧지만 뛰어난 그 책에서 그라시안은 다음과 같이 생각을 요약한다. "인간은 야만 상태로 태어난다. 인간은 문화 덕분에 야수 상태에서 구제받는다. 그러므로 문화는 인간을 만들며, 그의 문화가 더 위대할수록 개인은 더 위대하다."[68] 피레우스의 더운 오후로 잠시 돌아가 보자. 소크라테스와 그의 친구들은 정의의 의미를 논하고 있다. 글라우콘은 사람들을 보이지 않게 해주며 따라서 전능하게 만들어주는—따라서 그들을 짐 승으로 만드는—반지 이야기로 대화를 개시했다. 이것은 그라시안이 묘사하는 것과 동일한 야만인이다. 너는 인간 존엄에 중요한 유일한 앎을 소유하고 적용하지 않는다면 야만인이다. 너는 미덕을 실천해야 하고, 동료와의 조화로 운 실존을 가능하게 만드는 정신적 가치들에 의해 인도되 어야 한다. 괴테의 완성된 표현으로: "문명은 존경에서의 항구적 연습이다. 신성한 것에 대한, 대지에 대한 존경, 동 료에 대한 존경, 따라서 우리 자신의 존엄에 대한 존경." 이것은 그라시안이 말하는 것과 동일한 정제 과정이다. 인간을 인간의 또 다른 존재—맹목적인 힘, 야만인—너머 로 고양시키는 것.

물론 이러한 인간 이상은 귀족주의적인 이상이다. 하지 만 그것은 혈통의 고귀함이 아니라 정신의 고귀함과 관 련된 것이며, 이는 누구든 획득할 수 있다. 그것은 문명의 변치 않는 이상이다. 단테가 썼듯이, "덕 있는 곳에는 언 제나 고귀함이 있다. 하지만 고귀함 속에 언제나 덕이 있 지는 않다".[69]

이 이상을 수호하는 것이 소크라테스가 지식인들에 게 부여한 책무다. 올바른 삶의 방법은 무엇인가?—문명은 이 질문과 함께 시작된다. 그리고 지식인들은 구별하기("distinction")라는 일차적 책무로부터 자신들의 탁월한("distingué") 위치를 도출할 특권을 가진 사람들이다. 문명의 생존을 위해서, 지식인들은 가장 좋은 것과 가장 가치있는 것에 대한 그들의 앎을 수호하고 전수할 의무를 갖는다. 그들은 참된 것에 대한 앎에 있어서 교육을 받아야하며, 가치 있는 것과 가치 있지 않은 것, 좋은 것과 나쁜 것을 구별해야 한다. 그리고 실존하는 정신적 가치들이 보편적이고 무시간적이라는 바로 그 이유 때문에 그 가치들은 초월적인 절대적 가치들이어야만 한다. 그렇지만, 단한 명의 인간 사멸자도 결코 그것들의 소유주가 될 수 없는데, 바로 그렇기에 가장 좋은 것을 아는 사람 중 그 누구도 완벽한 진리를 소유한다고 결코 주장하지 않을 것이고, 바로 그렇기에 탈무드에서처럼 토론은 결코 끝나지 않는다.

이러한 것들이 소크라테스가 정의의 의미와 가치를 발견하고자 했을 때 추구했던 이상적 국가와 이상적인 인간의 지침들이다—혹은 예전에는 **그랬다**고 해야 할까?

* * *

산으로 둘러싸인 호수 근처 작은 마을에, 한 고독한 사람이 소박한 방 안에 살고 있다. 침대 하나가 있고 세숫대

야가 있는 작은 탁자가 있고, 꾸밈없는 벤치와 나무 의자 사이에 큰 탁자가 있다. 편두통으로 낮에 침대에 누워 있어야 하는 게 아닐 때, 그는 오랜 시간 숲속과 호수 주변을 산책한다. 밤에는 등잔에 불을 붙이고 고독에 잠겨 글을 쓴다. 노트들, 편지들. 1885년 7월 2일, 7는 멀리 있는 친구에게 편지를 쓴다. "시대가 너무나 표피적이야. 그리고 나는 그 어느 때도, 심지어 훨씬 더 가치 있고 더 깊이가 있었던 시기에도 공중에게 속하지 않았던 그토록 많은 것을 공적으로 말한 게 종종 부끄럽다. 이 세기의 '출판의 자유와 뻔뻔함의 자유' 속에서 사람들은 취미와 본능을 망쳐버렸어. 그리고 나는 단테와 스피노자의 모습을 붙잡고 있는데, 그들은 고독의 운명을 더 잘 이해했지. 물론 그들의 사고방식은, 나와는 반대로, 고독을 견디는 데 더 적합해. 그리고 결국 '신'을 동반자로 아직 가지고 있는 모든 사람들에게는 심지어 내가 '고독'이라고 알고 있는 것조차 없었어." 그는 작은 창을 들여다본다. 하지만 어둠의 벽 때문에 단지 그 자신의 상을 볼 뿐이다. 잉크병에 펜을 담근 후 그는 한 문장을 추가한다. "지금 나의 삶은 모든 것들이 내가 이해하는 것과 **달랐으면** 하는, 누군가가 **나의** '진리'를 내게 그럴듯하지 않게 보이도록 만들어주었으면 하는 소망에 있다."[70]

그래, 정말로 그랬다. 홀로 있음이 반드시 외롭다는 것을 의미하지는 않는다. 친구들이 멀리 있다는 것 역시 그렇다—너를 결코 떠나지 않을, 의미 있는 대화를 여전히 나눌 수 있는 그런 친구들이 언제나 있다. 나는 책들을 가지고 있다. 단테, 스피노자, 괴테. 하지만 그들도 날 이해하지 못할 거다. 참된 우정, 남자들의 우정은 그들과도 가능하지 않을 것이다. 나는 정말로 그들을 이해하지만, 그들은 정말로 나를 이해하지 못한다. 이 시대도 마찬가지다. 나는 너무 일찍 왔다. 외로움. 나는 선택권이 없다. 루터가 자신을 위해 답해야만 했을 때 어떤 말을 했던가? "나는 여기에 서 있다. 나는 달리 어쩔 수가 없다."[71] 아! 루터. 그는 분명 쓸 수 있었다. 그의 언어 구사력을 오늘날 신학자들의 칙칙함과 그저 비교해보라. 휘갈기는 자들! 교양 있는 속물들! 루터는 명백히 드라마를 사랑했으며 주목과 명성을 즐겼다. 아! 그 자신 교황이, 권력이 되려고. 공적인 명성을 추구하는 사람은 누구든 그것만을 원한다. "Bene vixit qui bene latuit."[72] 오비디우스의 《비가》. 학생들은 이를 이렇게 번역하지 않을 수 없었다. "각광을 받지 않고 산 사람이 잘 산 것이다." 그들은 그런 삶을 얻지 못했다. 공공성! 신문! 그것이 그들의 발할라 Valhalla[73]다. 그러고서 나는 그들에게 뭐라고 말했지? "너희들은 아침 기도를 신문 읽기로 대체했다." 그들은 그걸 좋아했다. 분명 그것도 얻지 못했다. 이들이 교육받은 자들이다. 나는 심지어 자유교육에 대한 강의도 했다. 그때 나는 진정으로 교육받는 자들의 숫자가 얼마나 믿기지 않을 정도로 적은지, 적을 수밖에 없는지 안다면 교양을 추구할 사람은 한 사람도 없을 것이라는 것도 설명했다.[74] 사람들은 무수한 방식으로 자신을 바보로 만들 수 있다. 교양이라는 만족감을 주는 단어는 일체의 의미를 약탈당했으며, 정교하게 그려졌으나 텅 비어 있는 껍데기에 불과하다. 유용성이—혹은, 더 정확히는, 가능한 한 돈을 많이 버는 것이—삶에서 가장 중요한 목표로 선언되었다. 그리고 젊은 엘리트를 수련하는 고귀한 책무를 떠맡은 나, 나의 작업은 **시장성 있는** 인간을 수련하는 일로 격하되었다. 모든 것은 시장성이 있어야만 했으며, 최신이고 알맞고 통용되는 것이어야만 했으며, 무엇보다도 다르지 않고 어렵지 않고 무겁지 않고 공통적인 것이어야만 했다. 무엇보다도, 공통적인. 그래야만 그들은 돈을 쉽게 벌 수 있었다. 그래야만 모든 사람이 행복할 수 있었다. 너무 어렵지 않게, 교수님. 제발! 사람을 **외롭게** 만들고, 돈 벌이와 관련이 없고, 시간이 걸리는 교양, 내가 제공하려는 종류의 자유교육인 교양은 "고차원의 이기주의"였으며, "부도

덕한 교양 쾌락주의"였으니까.[75] 이것은, 그토록 비극적이지 않았다면, 우스웠을 것이다. 대학교. 스물다섯에 교수. 7년 뒤에 더 이상 가르치지 않기로 한 어떤 좋은 것. 편두통. 이 악마 같은 고통은 적어도 무언가에는 좋았다. 대학교 전체는 썩었다. 시장성 있는 사람들. 그것이 그들이 있는 곳이다. 그것이 그들이 수련을 받는 방식이다. 순응하기. 최선의 것에 대한 새로운 정의. 적응하기—돈에, 그리고 분명 공중에게. 지식인들은 결코 이 세계를 구원하지 못할 것이다. 그들은 사실 그럴 필요가 없다. 세상은 어쨌든 파산할 것이다. 그들이 하는 일이라고는 그 과정을 재촉하는 것이다. 그들은 더 이상 글을 쓸 수도 없다. 그들이 스타일을 향상시키도록 놓아두어라. 그러면 생각하기도 향상되겠지. 그럼 이제 뭐지? 나는 스스로 부과한 추방 상태에서 오비디우스처럼 살고 있다. 나는 아무도 읽지 않는 책을 쓴다. 나는 아무도 이해하지 못하는 진리를 발견했다. 나는 사십이고 늙은 느낌이다. 나는 결코 늙지 않을 것 같은 느낌이 든다. 나의 외로움은 나의 진리에 있다. 나는 그들이 절대로 나를 타락시키도록 허락하지 않았다. 언제나 사유에 충실했다. 파스칼. 물론 자기를 고문하느라고 제정신이 아니지. 하지만 뛰어나고 진짜다. 엉터리—오늘날 기독교 안에 있는 모든 것은 엉터리다. 미덕

은 위선적이고, 의무적 복종이 경건이라고 불린다. 나는
파스칼을 존경한다. "그러므로 우리의 모든 존엄성은 사
유로 이루어져 있다."[76] 맞다. 완전히 참이다. 나는 계속해
서 사유하는 것 말고는 다른 선택지가 없었다. 사유에 충
실하라. 과감히 현실을 깨달아라. 소크라테스. 그것은 그
와 더불어 시작되었다. 단테, 스피노자, 파스칼, 괴테! 바
이마르 출신의 그 천재는 비록 비종교인이었지만, 복음
의 윤리에 대한 그의 심원한 공감 때문에 이 그룹의 일
원이 될 수 있다. 외로운 자들과 그들의 신. 그들은 외롭
다. 하지만 나는 한층 더 그렇다. 나의 때가 올 것이다. 괴
테. 독일적이기보다는 유럽적. 그러므로 위대한 인간. "우
리의 전 기예는 실존하기 위해 우리의 실존을 포기하는
데 있다." 뛰어난 문구지만 부정확하다, 친애하는 괴테여.
이 일상적이고 물질적인 실존 말고는 아무것도 없다. 바
로 그것이다. 이것 너머에, 이것 위에, 저기 바깥 그 어디
에도, 아무것도 없다. **아무것도!** 이것이 나의 진리에 이르
는 열쇠다. 허무주의. 무시간성도, 초월성도 없으므로, 불
멸적, 보편적, 무시간적 가치들도 없다. 텅 비어 있다. 거
대한 공허. 진리도, 아름다움도, 좋음도 없다. **나는** 실존한
다. 그게 전부다. 있는 것이라고는 **나의** 진리다. **나의** 아름
다움, **나의** 도덕, **나의** 정의. 각자에게 그 자신만의 것. 네

것을 선택해라. 허무주의. 그것은 바로 입구에 있다. 하지만 아무도 아직 그 결과를 이해하지 못한다. 신사 숙녀 여러분! **진리**는 존재하지 않는다. 존재한 적도 없다. 하지만 그들은 네가 그것을 믿게 만들었다. 왜냐하면 너의 종교가 없다면, 도덕이 없다면, 너의 형이상학적 사슬이 없다면, 너와 너의 좀스러운 점잖음이 없다면, 너는 **야수**처럼 행동할 것이기 때문이다. 연설을 통해 차이를 가져오지 못한다. 그들은 경청하지 않는다. 이해는 더더욱 못한다. 허무주의의 큰 비밀: 그 무엇도 결코 차이를 가져오지 않는다. 오직 무의미! 왜냐하면 인간 실존에 의미를 제공할 수 있을 모든 것, 보편적이고 영원하기 때문에 인간이 따를 수 있는 모든 가치들은 영원과 더불어 거대한 공허 속으로 사라졌으니까. 관념들의 세계는 없다. 자연만 있을 뿐이다. 너의 육체, 너의 본능, 너의 욕망, 너의 혼돈에 충실하라. 무엇이든 허락되는데, 왜냐하면 그 무엇도 우리보다 우월하지 않으니까. 아무 의미도 없는 한없는 자유. 그것이 인생이다. 인간 존엄이라는 소크라테스의 이상은 고정관념이었다. 살아남을 유일한 관념들. 언제나 살아남을 것이리라. 왜냐하면 최고의 가치들이 상실될 때, 이 무지한 지식계급이 무엇을 하겠는가? 실존의 의미가 상실될 때? 새로운 작은 신들이 등장할 것이다. 각각의 모임이 자

기만의 작은 신, 자기만의 고정관념을 가지고서. 국가주의
자들을 위한 신, 사회주의자들을 위한 신, 자본가들을 위
한 신, 합리주의자들을 위한 신. 각자 자기만의 신을 가지
고서. 그들은 유대인을 증오할 것이다. 작은 신 바로 옆에
는 작은 희생양. 인간들이 절대적인 것 없이 지낼 수 없
다는 건 특이하다. 나의 인간은 다를 것이리라. 절대자를
필요로 하지 않는 위버멘쉬. 그는 무의미를 받아들일 만
큼 강하다. 그는 타인들을 정복하지 않는다. 자기 자신만
을 정복한다. 나는 나 자신을 해방시켰다. 그들은 그렇지
않다. 그들은 자유를 다룰 수 없다. 그들에게 자유는 저주
가 된다. 소크라테스는 이미 이를 알고 있었다. 피레우스
의 더운 오후. 나는 실제로 그 유명한 대화를 나의 학생들
과 그리스에서 읽었다. 그 좋은 사회, 철학자-왕, 그런 다
음, 이상국가의 몰락에 관한 토론. 부자들이 권력을 갖는
과두정에서, 인민이, 가난한 사람들이 봉기를 하고 민주
정이 세워진다. 이제 모두가 자유로우며, 모든 사람이 원
하는 것을 말할 수 있고, 자신이 맞다고 여기는 대로 자기
삶을 꾸릴 수 있다. 강압은 더 이상 존재하지 않는다. 그
리고 강압은 허용되지 않기 때문에, 가장 먼저 사라지는
것은 교육이다. 교양이 사라지면서 미덕들도 또한 사라질
것이다. 그런 다음 이 놀라운 구절이 나온다. "혼에서 이

것들을 웬만큼 비우고 정화한 다음, 그것들은 오만 무례함과 무정부 상태, 낭비성 및 부끄러움을 모르는 상태에 성장을 갖추게 하고 화관을 씌워서는 많은 가무단과 함께 돌아오게 하네. 그러고선 이것들을 찬양하며 미화해서 부르는데, 오만 무례함을 고양 있음이라, 무정부 상태를 자유라, 낭비성을 도량이라, 그리고 부끄러움을 모르는 상태를 용기라 부르네."[77] 플라톤은 글 쓰는 법을 알았다. 이제 자유를 비난하는 장광설이 이어진다. 민주정은 자유에 목이 말라 절제하는 법을 알지 못할 것이다. "이 모든 걸 요약할진대, 그 요점은 이것들이 시민들의 혼을 민감하게 만들어서, 누가 어떤 형태의 굴종을 요구해도 못마땅해하며 참지를 못한다는 것임을 자네는 알아차렸는가? 마침내는 시민들이 법률을, 그게 성문율이든 불문율이든, 아랑곳하지 않게 되는데, 이는 그 누구도 자신들에 대해 어떤 식으로도 주인이 되지 못하도록 하려고 해서라는 사실을 자네는 확실히 알고 있을 것이니 말일세."[78] 다행히도 나는 아무것도 빠뜨리지 않았다. 어떤 텍스트를 알게 되는 유일한 방법은 번역을 통하는 것이다. 이제, 자유의 시대 이후에 자유에 지쳐서, 사람은 아마 독재를 환영할 것이다. 그래서 나는 어떤 것에서는 그리스인들에게 정말 동의한다. 결국에 사람들은 자유를 짐으로 경험한다. 복종하는 게 더 낫다. 그렇다. 아니, 소크라테스는 우둔하지 않았다. **첫째 명제**: 정신의 고귀함이 없다면, 민주주의는 그 자체의 자유 때문에 실패할 것이다. **증명**: 현 시대를 보라. 자유교육은 사라진다, 미덕들은 사라진다, 탁월성은 사라진다, 구별의 기예는 사라진다, 침묵은 사라진다, 관조적 삶은 사라진다, 정신은 사라진다, 도덕은 사라진다, 그대는 사라질 것이다. **둘째 명제**: 위의 것은 불가피하다. **증명**: 진리에 대한 소크라테스 자신의 갈망. 오로지 진리만 유효할 것이다. 자, 그렇다면, 절대적인 것에 대한 믿음은 거짓말이다. 이는 연구되었고 증명되었다. 신사 숙녀 여러분, 논리학. 부디, 약간의 논리학만. 초월성은 없다! 영원은 없다! 불멸성은 없다. 너도 그걸 만난 적이 없고, 나도 그걸 만난 적이 없고, 그 누구도 그걸 만난 적이 없다. 그러므로 불멸적 가치들은 없다. 그러므로 모든 사람이 열망해야만 하는 인간 존재의 초월적 이상적 상은 없다. 너는 다시 지상과 자연에 충실해질 수 있다. 모든 것이 허용된다. 너는 자유를 선고받는다. 그 무엇도 참이지 않다. 모든 것이 허용된다. 내가 말을 잘하고 있어? 내 말을 이해했어? 이건 불가피해, 소크라테스, 불가피하다고. 자연의 탈인간화, 그리고 그런 다음에 인간의 자연화. 자유 뒤에는, 공포. 나는 안다. 그리고 예술. 맙소사. 그래, 예술 또한

사라질 것이다.《신곡》, 라파엘로의 그림들, 미켈란젤로
의 프레스코화들—그것들은 존재하지 않을 것이다. 예술
의 가장 위대한 걸작들은 인류의 종교적이고 철학적인 착
오들을 고양시켜왔으며, 이런 이념들의 절대적 진리에 대
한 믿음을 표현해왔다. 이 믿음이 끝나면, 예술은 더 이상
번창하지 않을 것이고, 이 작품들의 의미는 사라질 것이
다. 그리고 음악? 너의 음악?[79] 너는 이제 죽은 지 2년 되
었다. 2년 아니면 7년. 왜냐하면 우리는 너의 인생의 마지
막 5년 동안 단 한마디도 교환하지 않았으니까. 우리의 우
정은 죽었다. 너는 죽었다. 나는 죽었다. 영혼은 존재하지
않는다. 하지만 내가 도대체 영혼을 가지고 있었다고 해
도, 그 순간 그것은 죽었다. 너 때문에. 너는 내가 여태껏
사랑한 유일한 사람이다. 다른 누구도 없다. 그리고 다시
는 없을 것이다. 사랑을 위해 한 번 죽는 것으로 족하다.
우리의 우정은 참된 우정이었다. 남자의 우정. 나는 너를
이해했고, 너는 나를 이해했다. 우리는 얼마나 자주 함께
였지? 우리는 얼마나 많은 계획을 세웠지? 내가 너를 위
해 하지 않는 게 얼마나 많지? 나의 동료들은 내가 **너를**
칭송하는 것을 멈추지 않기 때문에 **나를** 미워하기 시작했
다. 하지만 나는 언제나 너에게 충실하게 남아 있었다. 엘
리자베트가 탄호이저에게 충실하듯, 젠타가 네덜란드인

에게, 엘자가 로엔그린에게, 브륀힐데가 보탄에게, 쿠르베날이 트리스탄에게 충실하듯. 그런데 너는? 왜 너는 날 배반했지? 너는 다시 기독교로 살금살금 기어가서 저 빌어먹을 로마 교회를 다시 껴안았다. 너는 너의 진리를 부인했다. 너는 그렇게 하지 말았어야 한다. 너는. 다른 것은 그 무엇이라도 용서할 수 있었을 것이다. 이 우둔한 사람들에게 쏟아내는 너의 감정 분출, 너의 우둔한 반유대주의, 너의 나르시시즘, 사치와 명성에 대한 갈망. 그 무엇이라도. 하지만 내가 폭로한 바로 그 거짓말들을 주장한 것은 용서할 수 없다. 너는 자유로운 정신이 되기에는 결코 충분히 강하지 못했다. 세계는 너에게 너무 중요하다. 너의 돈에 대한 사랑, 명성에 대한 탐욕, 반유대주의, 국가주의 때문에 너는 나를 배반했다. 그 때문에 너는 충실할 수가 없었다. 너는 비판을 받아들일 수 없었고, 너의 장인의 독실함은 너를 기쁘게 했다. 나는 너를 사랑했다. 너에게 충실했다. 왜 나는 너의 최악의 적이 되어야만 했지? 왜 나는 너에 대한 나의 사랑을 제거해야만 했지? 너와 너의 신성한 예술 때문에. 너는 신의 복화술사가 되기를 원했다. 구세주! 그리고 나? 너는 나의 의사에게 뭐라고 말한 거야? 내가 자위를 너무 많이 해서 미쳐간다. 내가 남색자였다. 내 사랑, 그건 투사야. 투사.[80] 문제될 거 없어. 끝났다. 다 끝났다. 이곳은 춥다. 나의 삶은 차갑다. 나는 죽은 느낌이다. 모든 것이 죽었다. 절대적 진리는 없다. 사랑은 없다. 그건 괜찮다. 나의 진리를 그럴듯하지 않게 만들 수 있었을 단 하나가 너의 사랑이다. 너의 사랑은 나의 영원이었을 것이다. 너의 사랑 때문에 나는 내게 죽어 있는 모든 것이 살아 있다고 상상했을 것이다. 알겠어, 친구들? 모르겠어? 두통. 나는 침대로 가야만 한다.

* * *

니체의 시대("옛 신이 물러난 이상, 이제부터 내가 세계를 지배할 것이다"[81]), 허무주의의 시대는 니체가 과감하게 짐작했던 것보다 훨씬 더 일찍 모습을 드러냈다. 니체가 죽고 14년 뒤 제1차 세계대전이 발발했다. 그런 다음 유럽은 파시즘, 공산주의, 나치즘의 손아귀에 있었다. 또 한 번의 세계대전이 발발했다. 폭력의 난장판이 진리, 선함, 아름다움에 승리를 거두었다. 문명의 이상은 경멸당했다. 수천만의 사람들이 폭력을 환호했고, 칭송했고, 조장했다. 수천만의 생명이 소멸되었다. 허무주의는 언제나, 불가피하게, 폭력과 소멸로 끝을 맺는다.

허무주의는 언제나—니체의 명료한 분석은 여기서 그 어떤 오해의 여지도 남기지 않는데—자기를 동물적 본성 너머로 고양시킬 가능성을 인간 실존으로부터 약탈하는 것에서 시작된다. 영원성과 정신의 약탈은 각 개인이 보편적이고 무시간적인 가치를 갖는 이미지일 수 있게 해주는 고귀함을 인류에게 부여한다. 이 약탈과 더불어, 소크라테스가 예견했던 모든 의미의 왜곡이 시작되며, 또한 "모든 가치의 재평가"가 시작된다. 더 이상 자유는—어렵고 비극적인 자유는—개인들이 인간 존엄을 획득하는 연습을 하는 데 필요한 공간이 아니다. 오히려 자유는 그러한 존엄의 **상실**, 동물적 이상의 우상화로 이어지는 상실이다. 모든 것이 허락된다. 의미는 알려지지 않는다. 뜻은 목표로 대체된다. "재미나는" "맛나는" 경험들이 선악의 인식을 대체한다. 영원히 지속되는 것은 실존하지 않는다. 모든 것은 지금이어야 하고, 새로워야 하고, 신속해야 한다. 아무도 무슨 더 좋은 것을 알지 못하며, 그래서 모든 것이 옳다. 누구나 다 똑같으며, 그래서 다른 것은 비민주적이다. 예술은 오락으로 변한다. 그리고 유명한 것은 그 무엇이건 혹은 그 누구건 중요하다. 귀금속은 무거운 것이 특징이고 고상한 사람은 도덕적으로 훌륭한 것이 특징이라는 그라시안의 진술은 거꾸로 뒤집힌다. 도덕? 각자에게 자신만의 도덕! 물질이 왕이다. 그리고 여기저기 행진하는 작은 신들 중에서 금은 최고의 신이다. 금한테 좋은 것이 너한테도 좋다. 그러므로 시장성 있는 사람

이 되어라! 적응하라! 너를 더 부유하게 만드는 그 무엇이
든 유용하다. 재미없는, 마음에 들지 않는 사물이나 사람
은 사실상 쓸모없으며, 사라질 수 있다. 모두가 자기 자신
을 위해 있으며, 그 누구도 우리 모두를 위해 있지 않다.

문명을, 사회질서의 연결조직을 암처럼 공격하고 파괴
하는 것은 바로 이 대중사회의 허무주의다. 이 연결조직
이 없을 때 남는 것은 하나의 보편적 가치에 의해 더 이상
통합되지 않고 "나는 자유롭다, 그래서 모든 것이 허용될
수 있다"라는 이념에 유혹되기 때문에 결국 서로를 파괴
하고자 하는 무제한적 숫자의 분리된 개인들이다. 이 허
무주의가 서양 사회에 어느 정도로 들끓을 것인지 예측하
기 어렵다. 더 중요한 질문은 이렇다. 이 허무주의는 어디
에서 오는가?

* * *

진실성은 너의 책임을 인정할 수 있는 능력이다. 전후
에 알베르 카뮈는 지적인 책임을 갖는 지식인으로서 깨달
았다. 허무주의 학교에서 온 지식인들이, 그 자신이 그렇
듯, 서양을 가로질러 흘렀던 파괴의 급류에 합동으로 책
임이 있다는 것을. 이는 그들이 문명의 댐을 지탱하는 토
대를, 즉 불멸적인 것, 삶을 긍정하는 가치들, 선과 악의
무시간적 구별을 일관되게 허물었기 때문이다. 그렇기에

그는 말로의 집에서 있었던 대화에 소심하지만 확신에 찬 기여를 한 것이다. "우리는 모두 가치 부재에 대해 책임이 있다고 생각하지 않아? 그리고 만약 니체 사상, 허무주의 혹은 역사적 리얼리즘에서 온 우리가 공공연하게 우리 생각이 잘못되었다, 도덕적 가치들이 있는 것이다, 우리는 이제부터 그 도덕적 가치들의 기초를 마련하고 그것을 구체적으로 보여주기 위해 필요한 일을 하겠다고 말한다면 그건 어떤 희망의 시작이 될 거라고 생각하지 않아?"

전쟁 기간 동안에도 그는 같은 공책에 썼다. "인간은 홀로 자신의 고유한 가치를 창조할 수 있는가? 이것이 바로 전 문제다."[82] 말로, 사르트르, 쾨슬러가 있는 앞에서 그가 표현한 확신은 이 질문에 대한 그의 대답이었다. 아니, 인간 존엄을 위해서 자유로운 개인은 보편적이고 무시간적인 가치들을 무시하도록 허락되지 않는다. 특히 지식인들은 이러한 종류의 허무주의에 저항해야 한다. 모든 것이 허락되는 것은 아니다. 인간의 자유는 본질적으로 상대적이다. 그것은 불멸적인 것에 종속되어 있으며 결코 인간 존엄의 완전하게 획득 가능한 이상이 아니다. 더 나아가, 절대적 자유는 정의를 말소한다. 우선성을 갖으며 **모두**에게 의무적인 초월적인 절대적 가치들이 있다. 그렇다면 허무주의나 상대주의를 여전히 옹호하는 그 누구든 폭력과 대량 살인 앞에서 무기력한 도덕적 난쟁이다.

카뮈는 지식인의 실존을 정당화하는 유일한 것은 관념들의 세계와 정신의 고귀함에 대한 책임이라는 것을 알고 있었다. 문명의 수호자로서, 그들은 인간의 삶에서 무엇이 최선인지를 보여주고 그것을 공적인 무대에서 방어할, 가치들의 인식을 전수할, 통찰을 제공할, 구별을 할, 단어들의 의미를 보존할 일차적 책임을 가졌다. 그렇게 한다고 해서 세계가 아주 신속하게 바뀔 거라는 건 아니다. 하지만 거짓말은 거짓말이고 그 어떤 권력이나 명성도 거짓말을 진리로 만들 수는 없다는 게 공적으로 분명해질 때, 이미 많은 것을 얻은 것이다.

수백만의 사람들이 허무주의를 "믿을" 수 있을 때, 문화적 유산의 수호자들은 이미 실패한 것이며, 혹은 더 나쁘게는, 반역을 저지른 것이다. 그들은 자본주의, 상업주의, 천박함을 한탄하지만, 모든 것은 상대적이므로 그 무엇도 무시간적이거나 보편적이지 않다는 말을 계속 지껄임으로써 이러한 삶의 방식들을 지지한다. '무엇이 올바른 삶의 방식이지?'는 묻지 마. 그냥 재미나고 맛나는 걸 해. 다 너한테 달린 거야. 넌 무식하다고? 절대 신경 쓰지 마. 전혀 문제될 것 없어. 뭐든지 돼, 알겠지. 문제를 만들지 마. 인생은 쉬워. 진지해지지 마. 아이러니는 조금 있어야지.

구별은 없어. 구별하지 마. 구별하는 것은 엘리트주의야. 그리고 엘리트주의는 잘못이지. 민주적이지 않잖아. 우리는 그걸 반대해. 우린 파시즘에 반대하잖아.

이것은 탁월한 지적인 유산—정신의 고귀함, 인간 존엄의 본질—에 대한 배반이다. 그리고 슬프게도, 지성적 진실성은 고도로 엘리트주의적인 특성처럼 보인다.

* * *

아테네의 항구 피레우스의 그 더운 오후, 소크라테스와 그의 친구들은 자유가 절대적인 것이 될 때, 자유는 본질적으로 전도되며 결코 이상사회를 건설하기 위한 주춧돌이 될 수 없다는 것을 이미 보았다. 절대적 자유는 언제나 불의로 귀결되며, 불의는 살인으로 귀결된다. 자유가 아니라 정의가 주춧돌이어야 한다. 하지만 자유 없이는, 좋음, 진리, 아름다움에 대한 통찰 없이는 정의가 존재할 수 없기 때문에, 정의로운 사회는 최고의 가치들에 대한 앎을 가진 지도력을 요구한다. "철학자들이 군왕들로서 다스리지 않는 한, …… 인류에게 있어서 '나쁜 것들의 종식'은 없다네."

20세기의 본질은 소크라테스적 이상의 달성이다. 철학자가 왕이 되고, 열렬히 바라던 정치적 권력을 지식인들이 획득한다. 그리고 이 이상이 점차 형태를 취해가면서,

그 긴 시간의 전쟁 기간 동안 토마스 만은 《비정치적인 인간의 성찰》(1919)을 쓴다. 여기서 그는 그가 "정신의 정치화"라 부르는 것에 격정적으로 저항한다. 쥘리앙 방다는 1927년 《지식인의 배반》을 출간한다.[83] 지식인의 배반에 대한 이제는 고전이 된 그의 분석은 토마스 만이 정식화한 생각, 즉 정신의 세계는 언제나 독립적으로 남아 있어야 한다는 생각에 기초하고 있다.

정신의 정치화는 현실의 또 다른 환원과 다름없다. 상업화가—즉 황금이라는 저 작은 신에 눈이 먼 정신이—세계를 오로지 수익과 손실을 통해서만 볼 수 있듯이, 정치화된 정신은 오로지 사회의 정치적 이해관계만을 볼 수 있다. 인류의 구분은 인류 그 자체만큼이나 오래된 것이다. 언제나 부자와 빈자, 권력 있는 자들과 권력 없는 자들이 있다. 무엇이 정의로운가? 누가 무엇에 대한 자격이 있는가? 인류처럼 정치화된 정신은 나뉘어 있다. 그것은 한 번에 오직 한 눈으로만 볼 수 있으니까. 오른쪽 눈은 '소유'의 안경을 통해서 보며, 일차적으로 부, 질서, 법, 보존, 전통, 과거, 문화, 국가를 본다. 왼쪽 눈은 '소유 결핍'의 안경을 통해서 보며, 가난, 무질서, 불의, 갱신, 미래, 과학, 연대, 국제적인 것을 본다.

보편적이고 무시간적인 진리, 좋음, 아름다움, 정의는

역사적인, 사회적으로 규정된, 정치적인 견해들로 환원된다. 그것들은 역사적이고 정치적인 것이 언제나 나뉘듯이 그 보편성을 상실한다. 사회적 현실 안에는 언제나 열심히 일하는 자들과 일하지 않는 자들, 가족들과 가족 없는 자들, 우리 국민과 다른 국민, 우리 전통과 우리가 이해하지 못하는 전통, 부자와 빈자, 권력 있는 자들과 권력 없는 자들이 있으니까. 정치화된 정신은 이 구분들을 촉진하며, 자신의 가치들이 그곳에 근거를 두게 한다. 무엇이 좋고 무엇이 나쁜가? 무엇이 참이고 무엇이 참이 아닌가? 무엇이 아름답고 무엇이 추한가? 이 질문들, 이전에 결코 확정적 답을 받아본 적이 이 질문들은 이제 오로지 하나의 답만을 허용하는 역사적-사회적 분석에 근거하여 답을 얻는다. 즉 왼쪽 눈이 보는 것 아니면 오른쪽 눈이 보는 것. 좌 또는 우, 하나 또는 다른 하나는 언제나 잘못이다. 그게 무엇이건 답은 정의상 정치적이다.

정신의 세계는 침묵당한다. 언제나 분명하지만은 않은, 의심을 낳는, 손으로 붙잡이지 않는, 감수성을 요구하는 지혜와 예술에 대한 필요는 더 이상 없다. '좋은' 도덕, '좋은' 예술, 철학, 문학, 진리, 올바른 삶의 방식에 대한 한 가지 견해만 있다. 이 '지혜'의 소유자는 근대적인 철학자-왕이다. 당 이데올로그, 전문가, 좌파 사상가나 보수

사상가.

시간이 얼마 없다. **최종 해답**과 **정치권력** 둘 다 소유한 자를 역사적 책무가 기다리고 있다. 즉 악(반대 당)을 파괴하고 인류에게 좋은 것을 확립하고 보호하는 일. 법이 승리할 것이다. 유토피아는 도래할 것이다. 바로 그렇기 때문에 다보스 도르프의 유대-가톨릭 공산주의자는 인간주의 적수에게 결투를 청한다. 정치는 인류를 구원할 것으로 가정된다. 그리고 우리에게 반대하는 그 누구든……이 무한한 지상의 지복, 즉 이상 국가를 위해 인간의 희생은 정당화되는 것 아닌가!?

"그렇다!"는 정치화된 정신의 전적으로 확신에 찬 응답이다. "현실주의자가 되어야 해. 투쟁과 희생 없이는 아무 일도 일어나지 않아. 목표를 생각해."

"아니!"라고 이반 카라마조프는 말했다. 단 한 명이라도 무구하고 고문당한 아이의 눈물을 대가로 해서는 영원한 조화를 결코 얻을 수 없을 것이다.

"아니!"라고 알베르 카뮈는 말했다. 하고많은 이들 중에서도 알제리에서 태어나서 자란 그가 1957년 그의 "조국"의 독립투쟁과 관련해서 왜 그렇게 수동적인 입장을 취했는지 그들은 그에게 물었다. 카뮈: "나는 그때나 지금이나 두 민족이 평화롭게 그리고 평등하게 살아갈 수 있는 정의로운 알제리에 대한 지지자다. 나는 알제리 민족의 권리를 인정해주고 그들에게 완전히 민주적인 제도를 만들어주어야 한다고 되풀이해서 주장해왔다. 나는 지식인들의 개입이 더 이상 적절하지 않은 순간부터 입을 다물었다. 그들의 선언이 테러를 더 격화시킬지두 모르기 때문에. 나는 언제나 테러를 비난해왔다. 가령 알제의 거리에서 맹목적으로 행해지는, 그래서 어느 날 나의 어머니와 가족을 해칠지도 모르는 그런 테러리즘에 대해서도 나는 마찬가지로 비난하지 않을 수가 없다. 나는 정의를 믿는다. 그러나 나는 정의에 앞서 나의 어머니를 더 옹호한다."[84]

정치화된 정신들은 살아 있는 구체적 개인들, 사랑하고 사랑받는 구체적 개인들을 보지 않는다. 그들이 보는 것이라고는 추상물들이다. 자본주의, 공산주의, 세계화.

소크라테스는 '민주적인 인간'이 자유를 신물이 나도록 만끽하게 되면 손쉽게 독재에 굴복할 것임을 알았다. 찬성의 고개를 끄덕이며, 니체 또한 이를 알았다. 다보스 도르프의 종교적 공산주의자는 절대적 복종에 대한 욕망을 시대의 징조로 보았다. 뮌헨의 극히 박식한 학자들은 민주주의가 그것의 모든 자유들과 더불어 끝이 날 때를 간절히 고대하고 있었다.

카뮈가 정의에 대한 견해를 제시한 그 동일한 토론에

서, 그는 또한 자유의 의미에 대한 견해를 표명했다. 당시
는 냉전이 최고조에 있었던 때였다. 이런 질문이 제기되
었다. 그 자신 그토록 많은 불의를 안고 살아가는 어떤 사
회가 아무 자유도 없을 수는 있지만 적어도 모두가 평등
한 러시아를 비판하는 것이 용납될 수 있는가? 카뮈: "나
치 독일에 맞선 전쟁에서 생명을 잃은 나의 한 친구가 전
쟁 때 말했다. '우리는 절반-진리의 이름으로 거짓말과 싸
우고 있다.' 그는 스스로를 비관주의자로 생각했다. 하지
만 그가 오늘 아직 살아 있다면, 그는 우리가 다시금 거짓
말과 싸우고 있다고, 하지만 이제 4분의 1 진리의 이름으
로 싸우고 있다고 결론을 내렸을 것이다. 우리가 **자유**라
고 부르는 것은 이 4분의 1 진리다. 하지만 자유는 더 존
엄 있는 인간 사회로 가는 길, 유일한 길이다. 우리는 자
유 없이는 굴뚝 산업을 발전시키고 완성할 수 없다. 하지
만 정의나 진리는 그렇지 않다." 카뮈는 '서양'의 결점을
잘 알고 있었다. 하지만 전체주의의 경험을 통해 그는 인
권 없이는 그리고 입헌적으로 뿌리를 내리고 보호되는 민
주적 자유 없이는 인간 존엄을 위한 기회는 결코 없을 거
라는 걸 배웠다. 다르게 생각하고, 다르게 말하고, 다를
수 있는 자유, 의견의 차이를 가질 수 있는 자유가 없다
면—이런 자유들이 없다면, 다른 모든 가치들은 방어될

수 없다. 자본주의적 서양에 대해 사람들이 어떻게 생각
하든, 이 자유들이 다시 돌아왔다. 바로 여기.

자유와 진리는 서로가 없이는 존재하지 않는다. 자신만
의 정치적 절대주의에 눈이 멀어 거짓말이 드러나지 않기
를 원했던("현실주의자가 되어야 해. 중요한 건 목표니까") 사르
트르에게 점차 짜증이 난 카뮈는 친구에게 이렇게 편지를
쓴다. "나는 가끔 이 시대가 싫어. 나는 현실주의자가 아
니야. 그러나 나는 그 현실을 싫어하지는 않아. 그것이 아
무리 비열하고 아무리 난폭하다 하더라도. 내가 싫어하는
것은 바로 이런 현실을 담고 있는 거짓말들이야. 러시아
는 오늘날 감시의 망루가 설치되어 있는 노예의 땅이야.
…… 이런 수용소 체제가 자유의 수단이라고 그리고 미래
행복의 산실이라고 찬양받고 있다는 것, 이것이 바로 내
가 끝까지 투쟁하는 것이지. 내게 있어 이 세상에서 정의
보다 더 위대한 것처럼 보이는 것은 진리 그 자체가 아니
라면 진리를 향한 노력이야. 우리는 희망을 필요로 하는
게 아니야. 우리는 단지 진리를 필요로 할 뿐이야."[85]

* * *

"우리는 모두 가치 부재에 대해 책임이 있다고 생각하
지 않는가? 우리가 공공연하게 우리 생각이 잘못되었다,
도덕적 가치들이 있다고 말해야 하지 않는가?" 이 생각은

다시는 카뮈를 떠나지 않았다. "사회의 이익"도 "역사적 필연성"도 그에게서 문명에 봉사하고 솔직하게 추리하고 진리를 말할 지적인 책임을 놓아줄 수 없었다. 토마스 만, 쥘리앙 방다와 더불어 그는 정신의 정치화 역시 일종의 허무주의라는 것을 보게 되었다. 개인은 더 이상 아무 대답도 마련되어 있지 않은 질문을 가진 정신적 존재가 아니다. 삶의 의미에 관한 질문은 목표로 대체된다. 목표는 행복이며 정치는 그것을 제공할 것이다. 걱정도, 의심도, 질문도 없다. 신화 또는 이성, 전통 또는 과학, 우 또는 좌. 하나 또는 다른 하나가 길을 보여줄 것이다. 완벽한 사회와 완벽한 인간으로 가는 길을. 하지만 정신의 고귀함은 쫓겨났다. 완벽한 야만인들이 도래했다.

* * *

문명과 지성적인 삶에 헌신하는 사람이라면 누구든 20세기 유럽 역사를 완전 당혹스럽게 바라본다. 얼마나 많은 교수, 작가, 시인, 예술가, 과학자 들이 문명화된 삶을 밀쳐버리고 거짓말, 독재, 폭력의 승리를 지지했단 말인가? 얼마나 많은 학자들이 지성적 재능을 테러의 정당화에 바쳤다는 말인가? 우리는 그들을 전부 세어볼 엄두가 나지 않는다. 목록은 끝이 없다. 그리고 얼마나 많은 정신의 봉사자들이 자신의 진실성을 포기하지 **않았고** 그렇기

에 죽음-감옥 캠프 안에서, 엄청난 정신적 배반의 저 지
옥 같은 창조물 안에서 생을 잃었는가? 이 또한 끝없는
목록이며, 말문이 막히게 한다.

주위를 둘러보자. 오늘날 진리를 말하고 편견 없이 추
리하는 것보다 정치적인 **최종 해답**을 갖는 것이 더 중요
하다고 생각하는 지식인들이 얼마나 많은가? "위기는 오
직 우리가 미리 형성된 판단들을 가지고서, 즉 편견을 가
지고서 그 위기에 반응할 때만 재앙이 된다."[86] 전후에 한
나 아렌트는 이렇게 결론을 내린다.

지성적 진실성의 결핍은 엄청나다. 지식인들의 배반이
그렇듯이. 서양 문명의 실패가 조금이라도 놀라운가? 왜?
이 허무주의는 왜? 이 정신의 고귀함의 배반은 왜?

권력의 유혹이 첫째 이유다. 마침내 영향력을 갖는 것,
마침내 사람들이 내 말을 듣는다는 것, 그리고 더더욱 좋
게는, 사람들이 나를 찬양하는 것. 그 무엇도 권력과 명성
만큼 중독적이지 않다. 그리고 이를 지키기 위해서는, 당
이데올로그나 전문가의 위치를 유지하기 위해서는, '공중'
의 대변인이 되기 위해서는, 지속적으로 적응할 필요가
있다. 순응이 지배하는 어딘가가 있다면, 그곳은 정치화된
지식인들 가운데다. 지적인 독립 때문에 권력과 영향력을
위태롭게 한다는 것은 이 현실주의자들에게 생각만 해도

끔찍한 일이다.

그들은 정치권력을 위해 정신의 세계를 저버린다. 세계가 해석되는 게 아니라 변화될 필요가 있다는 게 구실이다. 불의에 종지부를! 하지만 쥘리앙 방다가 지식인의 배반에 대한 논고에서 정확히 지적하듯이, 에라스무스, 스피노자, 칸트 같은 위대한 사상가들은 언제나 그들 자신의 독립에 충실한 만큼이나 정신의 세계에 충실하게 남아 있었다. 그들은 인류를 모든 악에서 자유롭게 해줄 수 있다고 생각하는 오만을 키우지 않았다. 그들은 자신들의 의무에 실로 충실하게 머물렀다. 좋은 것에 대한 의식이 사라지지 않게 하는 것. 선과 악에 대한 앎, 가치와 존엄에 대한 의식은 보호되었다. 이는 지식인으로서 삶을 살기에 충분한 정당화 아닌가? 많은 지식인들에게는 그렇지 않다. "오늘날 작가들의 특별한 유혹은 주로 자신들이 전혀 알지 못하는 주제에 대해 견해를 제공함으로써 살 수 있다는 것이다"[87] 스티븐 스펜더는 1951년에 이렇게 진술했다. 그때 이후로 변한 게 있는가?

불멸적 가치들과 정신의 고귀함에 대한 배반의 둘째 이유는 불신이다. 어떤 지식인들은 이러한 소양들 자체를 믿지 않는다. 과학적 패러다임의 엄청난 영향력이 여기서 중요한 역할을 한다. 불멸성, 의미, 가치, 선, 악, 아름다움, 사랑, 동정심, 지혜, 정의, 경험, 미덕, 자기인식은 과학의 언어 안에 존재하지 않는 단어들이다. 과학의 언어는 객관성, 사실, 분석, 목표, 진보의 언어다. 지성적 영역이 이 무의미한 언어에 의해 제약될 때, 정신은 의미를 표현할 능력을 잃는다. 사실들은 그 자체로 그 무엇도 의미하지 않는다. 현실의 진리는 가치에 대한 인식, 가치 있는 것과 가치 없는 것, 좋은 것과 나쁜 것, 의미 있는 것과 무의미한 것의 구분에 대한 인식을 통해서만 올 수 있다. 이는 예술가, 시인, 사상가의 언어 안에 간직되어 있는 문화적 인식이다. 이 언어는 유사과학적인 지성적 클론들에게는 알려져 있지 않다. 바로 그렇기에 그들은 그토록 형편없이 글을 쓰는 것이다. '사회적 현실'의 세계에서 오는 소식들을 제외하면 그들은 공표할 가치가 있는 그 무엇도 가지고 있지 않다.

그리고 우리에게는 〈사이스의 베일에 가린 상〉이 있다. 이 시에서 실러는 한 젊은이를 묘사한다. 그는 절대적 진리에 대한 열망에 이끌려 이집트의 사이스로 여행을 한다. 사제들에게 가르침을 구하기 위해. 젊은이는 말한다. "전부를 알지 못한다면, 내가 무얼 아는 것이겠는가?" 그들은 베일 뒤에 서 있는 상이 있는 사원으로 간다.

"베일 뒤에는 무엇이 숨겨져 있지?" 탐구심 많은 젊은

이가 묻는다.

"진리." 사제는 답한다.

"단지 베일 하나가 나를 진리와 갈라놓고 있단 말인가?"

"그렇다. 베일 하나, 그리고 사멸자는 '나를 보지 못할지어다'라는 여신상의 명령이."

사제는 떠난다. 젊은이는 남는다. 그는 본다―그리고 죽은 채 발견된다.

이것은 앎의 역사에서 가장 오래된 주제 중 하나다. 절대적 진리와 그것을 상징하는 모든 것―성배, 백조의 기사, 에덴의 사과, 사이스의 여신상―너는 그것을 찾지도 보지도 소유하려 하지도 말아야 한다. 절대적인 것은 그 어떤 사멸자를 위한 것도 아니다. "잘못을 통해 진리로 걸어가는 자에게 화 있을지어다. / 그것은 그에게 결코 기쁘지 않을지니." 시의 마지막 행이다. 잘못의 죄는 언제나 자만이다. 그리고 언제나 뒤따르는 것은 몰락이다. 젊은이는 혼자 죽는다. 하지만 **최종 해답**의 소유자들과 여타 근본주의자들은 결코 혼자 죽지 않는다.

* * *

소크라테스! 너는 어디에 있지?

소크라테스는 친구들과 함께 있고, 아직 마치질 못했다. 왜냐하면 철학자가 왕이어야 한다는 입장에 친구들이 큰 신임을 주지 않고 있으니까. 그들은 너무 많은 지식인들을 알고 있다. 하지만 소크라테스는 **참된** 철학자만이 "기억력이 좋고 쉽게 배우며 고매하고 정중하면서, 진리와 정의, 용기, 그리고 절제와 친구"이기 때문에 왕일 수 있다고 설명한다.[88] 그의 친구들이 반대한다. 그래, 이론상 국가는 분명 이 교양인honnête homme이 이끌고 가야 한다. 하지만 사실을 들여다보면 그렇지 않다는 게 증명된다. 대부분의 지식인들은 솔직히 말해서 부패했다. 그리고 소크라테스가 참된 철학자에게 부여하는 특성들을 정말로 소유하는 사람들을 사회는 괴짜로 생각하며, 그렇기 때문에 그들은 아마 그 어떤 지도자 위치도 얻을 수 없을 것이다. 소크라테스는 진심으로 동의한다. 그렇지만, 그의 삶의 목적, 지혜에 대한 앎은 무엇보다도 그 일에 직업적으로 종사하는 사람들에게 불신임을 받고 있다. "그들은 다중 앞에서 크게 떠들어댄다네. 어느 것이 좋은 것이거나 나쁜 것인지, 올바르거나 올바르지 않은 것인지를 전혀 모르면서, 이 모든 걸 그 '큰 짐승'의 의견에 따라 이름짓는데, 그것이 기뻐하는 것들은 좋은 것들로 일컫는 반면에, 성가셔 하는 것들은 나쁜 것들로 일컫네. 언제나 다중이 듣고 싶어 하는 것에 초점이 맞추어진, 젠체하는 마음과 자만심으로 가득한 이러한 공허한 말들과 함께 이 사람들은 모든 권력을 획득한다네. 그리고 지혜의 진정한 권위, 다중의 필요에 반대되는 삶을 영위하는 자는 버림을 받고, 외로우며, 경시된다네."[89]

그는 이를 알고 있었다. 그는 참된 철학자는 결코 왕일 수 없다는 걸 알고 있었다. 그는 완벽한 사회는 결코 존재할 수 없다는 것과 인류를 괴롭히는 병폐들에 결코 끝이 없을 거라는 것을 알고 있었다. 그는 참된 철학자는 다만 모델일 수 있을 뿐이라는 것을 알고 있었다.

기이한 사람, 불멸적 가치들과 정신의 고귀함의 친구, 소크라테스는 인생의 전성기에 현존 정치권력에 의해 처형당했다.

에필로그

그리고 우리는 어떤가? 우리는 여전히 정신의 고귀함을 찾고 있는 중인가?

그것을 미디어의 세계에서, 정치의 세계에서, 소음의 세계에서 찾지 마라. 정신은 결코 그곳에 있지 않았다. 학계로 가지 마라. 그들은 정신을 추방했다. 교회는? 교회가 공허하게 들리는 이유가 있다. 명성의 세계? 거기서 우리는 길을 헤맬 것이다.

한 오래된 유럽의 도시에서, 나이 아흔에 침대에 속박되어 있지만 여전히 분명한 정신을 가진 시인은 가장 소중한 여자 친구가 죽었다는 소식을 듣는다. 체슬라브 밀로즈는 이렇게 쓴다.

나는 잔 허쉬에게서 무엇을 배웠지?

1. 이성은 신에게서 받은 위대한 선물이며, 세계를 알기 위해서는 이성의 능력을 믿어야 한다는 것.
2. 계급투쟁, 리비도, 힘에의 의지 같은 이성의 규정 요인들을 열거하면서 이성에 대한 신뢰를 침식한 그들은 착각했다는 것.

3. 우리는 우리의 지각 속에 갇혀 있다는 것을 알고
   있어야 하며, 하지만 그렇다고 현실을 정신에 의해
   산출된 꿈, 가상으로 환원하지는 말아야 한다는 것.

4. 진실됨은 자유의 증거이고 거짓됨은 전형적
   노예상태라는 것.

5. 실존 앞에서의 적절한 태도는 경외이며, 그리고
   바로 그렇기에 빈정거림을 통해 실존을 폄하하는
   자들과의 교제를 피해야 한다는 것.

6. 오만하다는 비난으로 이어질지언정, 지성적인 삶은
   엄격한 위계의 규칙에 의해 스스로를 통치한다는 것.

7. 20세기 지식인들의 중독은 허풍$^{\text{le baratin}}$—책임 결여된
   수다—이라는 것.

8. 인간 활동들의 위계에서 예술은 철학보다 높이
   놓일 것이지만 나쁜 철학은 예술을 타락시킬 수
   있다는 것.

9. 객관적 진리는 있으며, 두 충돌하는 진술이 있을
   때, 모순이 적법한 경우가 아니라면, 하나는 참이고
   하나는 거짓이라는 것.

10. 자연 종교의 운명과는 무관하게, 우리 인간성의
    중요한 재료로서 '철학적 신앙'을, 예를 들어
    초월성에 대한 믿음을 보존해야 한다는 것.

11. 시간은 우리의 손과 정신의 작품들 가운데 문명의
    위대한 집을 짓는 데—여러 세기를 이어—도움이
    되지 않는 작품들에게만 망각을 선고한다는 것.
12. 우리 자신의 삶에서 우리는 착오와 죄 때문에
    절망하지 말아야 하며, 과거는 닫히지 않고 우리의
    현재 행위로부터 의미를 받는다는 것.

    (아담 차가제프스키 옮김)

우리에게 이것은 교훈적인 시이며, 정신의 고귀함에 대한
찬가다. 기이한 여자. 그녀는 결코 여왕이 되려고 하지 않
았다. 그녀는 참된 철학자였다.

1

고소인들은 연설을 마쳤고, 피고는 발언권을 얻는다. 시장 남쪽 끝에 위치한 법정에는 자기 변론을 하기 위해 일어선 일흔 살 남자를 판결하기 위해 500명의 남자들이 모여 있다. 그 노인이 자기 앞에 앉아 있는 배심원들을 무언의 눈으로 둘러볼 때, 법정 안에 침묵이 흐른다. 유일하게 들리는 소리는 새들의 재잘거림이다. 새들은 이 이른 봄 아침 법원 내부에서 일어나고 있는 일의 심각성에 아무 관심도 없다. 거기 있는 모든 사람은 이 재판이 여느 다른 재판과는 대단히 다르다는 것을, 그리고 여기서 일어나고 있는 일을 십중팔구 미래 세대들이 논의할 거라는 것을 예리하게 의식하고 있다. 동시에, 그들 중 누구도 공공연히 인정하지 않겠지만, 인민의 법정의 그 일원들은 청중이 내릴 것 같은 사형 선고보다는 자신이 말할 내용이 자신에게 훨씬 더 중요하다는 걸 증명하고자 하는 듯 팔짱을 끼고 조용히 지켜보며 서 있는 그 노인의 인생 이야기에서 자신들이 이름 없는 엑스트라에 불과할 거라는 걸 어렴풋이 알아챈다. 그의 침묵은 계속된다. 그리고 아무도 감히 침묵을 깨지 않는다.

모든 눈이 그에게 집중된 긴장된 고요 속에서, 기억은 불가피하게도 30년도 더 지난 저 겨울 아침으로 되돌아간다. 지금 법원에 있는 피고를 포함해서 거의 모든 사람이 어떤 연설을 듣기 위해 도시 성벽 바깥에 모여 있었다. 그들은 그 연설이 결코 잊히지 않을 것임을 즉시 알았다. 전쟁이 일어난 지 1년이 지났고, 관습에 따라 최초로 전사한 아테네인들에게는 동료 시민들에 의해 국장이 주어졌다. 장례식 말미에 그들의 지도자 페리클레스는 연단으로 올라가 군중에게 연설했다. 그의 찬사는 아테네에 대한 칭송이 되었다. 민주주의를 이룰 용기를 가졌던 도시, 시민들이 자유와 상호 관용 속에 공존했던 도시. 조상들과 전통에 대한 존경은 새로운 발전에 열려 있고 모든 자유 시민에게 독립적인 개인으로 성장할 기회를 주는 데 열려 있는 정신과 손을 맞잡고 간다. 그것은 사람들이 낭비적이지 않으면서 아름다움을 사랑하고 나약하지 않으면서 지혜를 존경하는 사회였다. 페리클레스가 말하기를, 아테네는 세계의 나머지를 위한 훈련장이었다. 바로 그렇기에 아테네는 방어되어야 했으며, 바로 그렇기에 그 도시를 위해 죽은 남자들은 결코 잊히지 않을 것이다.[90]

연설 중에 얼음처럼 차가운 바람이 거세졌지만, 아무도 추위를 느끼지 않았다. 모든 사람이 자부심을 안고 집으로 돌아갔다. 그 이후로 다시 아테네를 말하는 사람 중 그날 들었던 것을 언급하지 않는 경우는 거의 없었다. 우리는 다른 국가에게 모델이 되는 사회의 시민이다. 우리는 다른 국가의 시민들이 자신을 평가할 기준을 대표한다.

모든 사람이 페리클레스의 연설을 들었고, 모든 사람이 저 역사적인 순간에 현장에 있었다. 나이로 보아 그곳에 있을 수 없었던 사람들조차도. 모든 것이 가장 세세한 부분까지도 그토록 자주 이야기되었기 때문에, 30여 년 전에 그들의 유명한 지도자가 연설하는 것을 들으러 거기 있지 않았다는 걸 그 누구도 상상할 수 없었다. 이제 그 동일한 사람들이 그들 중 한 명에게 필요하다면 사형 선고를 내리기 위해 다시 모여 있다. 왜? 고발 내용은 다음과 같았다. "소크라테스는 젊은이들의 망치고, 국가가 믿는 신들을 믿지 않고 자기가 만들어낸 신령스러운 것들을 믿음으로써 불의를 행하고 있다. 그러므로 우리는 사형 선고를 요구한다." 이것은 형벌 중에서도 가장 무거운 것이었다. 하지만 고발 내용은 못지않게 무거웠다.

　이러한 고발장에 근거한 소크라테스 재판 소식은 놀라운 게 아니었다. 그리고 그 순간부터 도시 안의 사실상 모든 대화는 그 재판에 관한 것이었다. 사람들은 재판이 다가오고 있다는 것을 전부터 알고 있었다. 소크라테스는 그의 행동으로 인해서 친구보다는 적을 더 많이 만들었다. 특히, 도시의 가장 저명한 시민들 가운데서. 재판에 앞서 배심원 구성원들과 이야기를 해본 사람이라면 피고의 행동을 어떻게 다루어야 할지를 놓고 의견이 갈려 있다는 것을 금방 알아챌 수 있을 것이다. 소크라테스의 영향력이 분명 무시해도 좋다고 보고 재판이 그의 생각에 더 큰 관심을 끌게 할 것이라고 생각한 사람들은 사형 선고에 반대하는 투표를 할 계획이었다. 하지만 일반적으로, 고발의 정당함에 대해서는 만장일치가 있었다.

소크라테스의 재판을 제안한 자들의 동조자들은 모든 기회를 최대한 이용하여 고발을 정당화했다. "**근본** 가치가 걸려 있다. 그 이상도, 이 이하도 아니다!"라고 그들은 엄숙하게 말했다. "소크라테스에게는 단지 한 가지 목적만 있다. 의심의 씨를 뿌리는 것. 무엇이 중요하고 중요하지 않은지에 대한 의심. 권위자들의 지혜에 대한 의심. 조상들의 시간 이래로 있어온 전통들에 대한 의심. 사람들이 인생에서 해야 하는 것에 대한 의심. 사람들은 확신을 잃고 있으며, 지금은 이미 충분히 어려운 시기다." 마지막말에는 언제나 많은 이들이 고개를 끄덕였는데, 왜냐하면 실로 아테네에게 어려운 시기였기 때문이다. 스파르타에게 패배한 전쟁, 전염병, 정치적 격변―모두가 저마다 타격을 입었다. 이러한 것들은 공공연하게 논의되지 않는게 더 좋았다. 새로운 불안을 조성할 테니. 하지만 모두가 알고 있었다. 한때-그토록-자랑스러웠던 국가가 천천히 하지만 확실하게 쇠락으로 가라앉고 있다는 것을. 소크라테스의 반대자들은 계속해서 말했다. "우리의 가치들, 권위들, 우리의 사회적 위치와 위신을 추잡하게 조롱함으로써 소크라테스는 우리 도시의 적들을 돕고 있다. 소크라테스는 언제나 부와 정치가 자신에게는 아무 관심사도 아니라고 말하고 있고, 그 자신의 삶으로도 충분하다고 말하고 있다. 하지만 우리는 호도되지 말아야 한다. 그가 그 무엇보다도 원하는 것은 사회질서를 뒤집어엎는 것이다!"

고발자들은 열렬한 지지를 받았다. 그로 인해서, 어떤 사람이(소크라테스의 친구 중 한 명인데, 달리 누구였겠는가?) 이 모두가 다 맞다고 해도 한 가지 질문은 여전히 남는다는 것을 언급할 필요가 있다고 생각했을 때, 이는 화를 더욱더 북돋는 결과를 낳았다. 그 질문은 이렇다. 언제나 반박할 수 없는 진리를 말하는 델피의 신탁이 "소크라테스보다 지혜로운 사람은 없다"라고 선언했다는 게 어떻게 가능했을까. 그것은 어려운 질문이었다. 소크라테스가 그들에게 제시하곤 했던 질문들과 결론들만큼이나 어려운. 하지만 더 이상의 성찰을 위한 시간이 남아 있지 않다. 철학자의 목소리가 침묵을 깨뜨린다. 소크라테스는 변론을 시작했다.

* * *

스물여덟의 청년 아리스토클레스는—그렇기에 유감스럽게도 배심원이 되기에는 두 살이 모자랐는데—명망 있는 가족의 아들이라는 것 덕분에 일반 법정에 한 자리를 얻는 데 성공했다. 가족과의 관계가 몇 년 동안 어려웠기 때문에—너무나도 어려워서 그는 가족과 그 자신 사이에 안전한 거리를 두는 걸 선호하는데—재판에서 자리를 확보하기 위해 가족 이름을 이용하지 않고 싶었다. 하지만 참석하지 못한다면 자신을 절대 용서할 수 없었을 것이다.

아리스토클레스에게, 인생이 따를 행로는 한때 정해진 결론이었다. 그의 가족의 부와 권력, 아테네 정치에서 중요한 위치를 차지함으로써 (그가 이름을 딴) 할아버지[91]와 아버지의 발자국을 뒤따르는 것, 이 모두는 기대에 따른 것이었고 더 이상 검토할 필요가 없었다. 이 행로의 분명함은 신들의 총아임을 보여주는 명백한 지위에 의해 강화되었다. 그는 예리한 지성을 소유했으며, 천부적 재능의 연설가였고, 글쓰기 스타일로 찬탄을 받았다. 어린 나이에 그는 그의 시와 비극으로 상당한 명성을 얻었다. 또한 신의 자애로움에는 끝이 없다는 듯, 키 크고 탄탄한 신체와 단련된 체력으로도 유명했다. 요컨대, 자기 자신에 대해서도, 그를 기다리는 삶에 대해서도, 의심을 할 아무 이유가 없었다.

그때, 8년 전에, 아리스토클레스는 그 노인이 말하는 것을, 아니 오히려 질문을 제기하는 것을 처음 들었다. 지금, 꽉 들어찬 방 한가운데, 그에게서 열 걸음 떨어져 서 있는 그 동일한 사람. 아리스토클레스는 그때는 대화에 합류하지 않았고 듣기만 했다. 그날 저녁 집으로 홀로 걸어가면서, 전에는 결코 묻지 않았던 질문을 스스로에게 던졌다.

왜 재산이 많아야 하지? 왜 정치적 경력을 추구하는 거지? 왜 가족의 기대에 부응해야 하지? 왜? 왜? 이 고약한 작은 단어가 그의 머릿속에서 계속 메아리치는 동안, 한때 그토록 말끔하게 확실한 것들로 구축되어 있었고 그토록 당연하게 받아들여졌던 근심 없는 그의 실존은 의심으로 천천히 찢겨져 나갔다.

그날 밤 아리스토클레스는 잠을 이루지 못했다. 동이 트자마자 그는 소크라테스를 보러 갔다. 그 시간에 방문한 목적을 놀라서 묻는 소크라테스의 질문에 대한 대답으로 그 청년은 단지 결심을 했다는 말만을 할 수 있었다.

"내 인생을 바꾸고 싶어. 너의 학생이 되고 싶어." "젊은이, 정말로 영광이로군. 하지만 실망시켜야 하는 게 유감이야. 나는 선생이 아니야. 그래서 나는 학생이 없지. 심지어 너에게 무엇을 가르칠지도 알고 있지 못할 거야. 나 자신 아무것도 알지 못하니까."

"나에 관한 한, 너는 모든 것을 알아."

"틀렸어. 하지만 호기심이 생기는군. 배우고 싶은 게 뭐지?"

소크라테스의 응답에 완전히 놀란 아리스토클레스는 잠시 주저했다. 그리고 나서, 실망을 감출 수 없는 목소리로 말했다. "소크라테스, 나의 가족은 부유하고, 권력이 있고, 명성이 자자하고, 모두가 존경하지. 어젯밤까지만 해도 내가 가족의 다른 사람처럼 인생을 살아갈 거라는 게 내게 분명했어. 너는 내게 그토록 분명해 보이는 것을 앗아갔어. 네가 여태껏 믿었던 모든 것, 네가 언제나 중요하게 생각했던 모든 것이, 모래성이 파도 한 번에 쓸려 없어지듯, 바로 네 눈앞에서 사라지고, 이 모두가 잠 못 이룬 하룻밤 사이에 가버린다는 게 무얼 의미하는지 넌 상상할 수 있어? 한때 너의 자부심이었던 모든 것이 사라지면서 찾아오는 공허를 느껴본 적 있어? 망상의 세계에 살아왔다는 것을 더 이상 부인할 수 없을 때 오는 고통과 환멸을 알아?"

"오, 내가 널 불행하게 만들었구나. 그리고 이제 나는 너의 행복을 되찾아주어야 하는 거구나. 그래서 너는 이른 아침의 고요를 방해하면서 여기 있는 거야?"

"반어법은 제발 그만. 내가 불평하러 여기 온 게 아니라는 걸 알잖아. 나는 나의 안일한 작은 세계를 있는 그대로 인식하지 못할 정도로 어리석긴 했을 거야. 하지만 그 안에 계속 남아 있기를 원할 정도로 어리석지는 않아. 진정한 세계를 알아야 할 때가 되었어."

"그걸 부정하지는 않겠어. 하지만 내가 찾아야 할 것은 내가 아니야. 아직 전쟁이 격렬히 벌어지고 있다는 걸 알

고 있지? 그곳으로 가. 너의 도시를 위해 싸우는 일은 절
대 부끄러운 일이 아니잖아."

아리스토클레스는 갔다. 그리고 3년 뒤에 돌아왔다.

"말해봐." 그들이 다시 만났을 때 소크라테스가 말한 건
이게 전부였다. 아리스토클레스는 전투 이야기를 했고, 영
웅적 서사에도 불구하고 전쟁은 결국 썩어가는 시체 냄새
와 생존자들의 침체된 슬픔 그 이상의 그 무엇도 아니라
는 발견을 이야기했다. 실제로 그의 가장 사랑하는 친구
가 전투에서 죽었다. 이제 그는 가슴을 찌르는 듯한 상실
의 고통을 느꼈고 가장 좋은 것이 그토록 손쉽게 사라질
수 있을 때 언제나 되돌아오는 삶의 의미에 관한 질문을
숙고했다. 충성과 배반을 경험했고, 용감한 사람들과 비겁
한 사람들을 만났다. 그리고 지성도 부유함도 정신의 고
귀함에 대한 아무런 보증도 제공할 수 없다는 게 매번 분
명했다. 유명한 혈통 덕분에 중요 가문들이 그를 반겼다.
호화로운 만찬에도 함께했는데, 전쟁 중에도 그런 사람들
은 아무 결핍이 없기 때문이다. 하지만, 홍조와 웃음 뒤에
는 크게 입 벌리고 있는 냉랭한 공백 말고는 아무것도 없
었다. 또는, 그렇게 보였다. 그는 지배자들을 만났다. "우
리 전통의 가치" "사람들에게 가장 좋은 것" "공동선"에 관
한 훌륭한 언어가 그의 식탁 친구들의 이익에 봉사하는

것 이상으로 다른 아무런 의미도 없다는 게 곧 분명했다. 사람들이 얼마나 손쉽게 정념과 욕망에 사로잡히고 이것들이 어떤 파괴적 힘을 포함하고 있는지가 그에게 충격을 주었다. 복수, 증오, 질투, 폭력―올바른 마음을 가진 모든 사람이 이것들에 반대하지만, 그 누구도 그것들의 호소력에 저항하지 못하는 것처럼 보인다. 사람들은 무엇이건 기꺼이 믿는 것처럼 보였고, 신중한 반성보다 이를 더 선호하는 것처럼 보였다. 그렇지만 무엇보다도 가장 큰 인상을 준 것은 그 자신의 실존을 그토록 현저하게 지배한 적이 있었던 그 자기만족의 편재성이었다. 그는 전통과 '정상성'의 힘을 보았다. 사람이 추세, 의견, 기존 질서에 적응하는 것이 유혹적일 정도로 손쉽다는 것을 보았으며, 모든 것이 현 상태 그대로 존재한다는 굳건한 믿음을 보았다. 나태한 실존에 대한 열망을 품고 있을 때 실존하는 모든 것에 대한 경외가 생겨난다. 비판적 질문들은 단지 이상한 것으로 여겨지는 것이 아니라 전혀 바람직스럽지 않은 것으로 여겨진다.

아리스토클레스가 말했다. "소크라테스, 내 체구 때문에, 내 체격 때문에, 내가 잃은 그 친구는 언제나 나를 플라톤이라고, '어깨가 넓은 사람'이라고 불렀어. 나는 세계가 실제로 어떤 것인지를 발견하려고 아리스토클레스를 떠났어. 나는 세계가 무엇이어야 하는지를 배우려고 플라톤으로서 돌아왔어."

"친애하는 친구 플라톤, 이리로 와, 안아보자. 이제 너는 왜 네가 우선 너의 가족, 너의 책, 그리고 나를 버리고 그 저주받은 전쟁에 합류해야 했느지 이해하는 거야? 삶을 이해할 수 있기 전에 우선 삶과 친숙해져야 했다는 것을? 삶을 이해하고 싶다면, 올바른 삶의 방법은 무엇인가라는 질문에 참된 답을 찾고자 한다면, 무엇보다도 먼저 이 질문이 네 삶의 극히 중대한 질문, 꺼지지 않는 열정처럼 내부에서 불타는 질문이 되어야만 하지. 하지만 그것이 순종적인 어구 이상이 아닌 한, 너의 실존은 가족과 공동체의 기대에 대한 무비판적 수용에 지나지 않겠지. 아니면, 만연해 있는 습속과 관습에 대한 순종적 적응이거나. 하지만 네가 의미 없는 것들을 그토록 많이 본 지금 무엇이 실제로 의미 있는가라는 질문이 불가피한 것이 되었다면, 창백한 황량함을 한번 알게 되고 참된 위안을 구한다면, 너에게 가장 소중한 것을 상실했다는 것을 의식하고 그럼에도 여전히 삶을 살 가치가 있게 해주는 것에 대한 질문이 말없는 절망 속에서 생겨난다면, 그리고 동시에 사제들이 토해내는 멋진 말들이 얼마나 텅 빈 것인지, 일체의 자족감이 얼마나 공허한지, 힘 있는 자들의 실존이 그토록 빈번히 얼마나 무의미한지, 어떻게 네가 극도로 박식하면서도 전적으로 무지할 수 있는지를 이해한다면, 모든 걸 고려해볼 때 아무런 진짜 가치도 없기에 전혀 중요하지 않은 온갖 종류의 것들로 인생을 허비했다는 것을 늙어서 깨닫게 되는 것의 뿌리 깊은 두려움을 안다면―그렇다면, 나의 친애하는 플라톤, 삶의 의미와 올바른 삶의 방법에 관한 질문은 너의 삶의 극히 중대한 질문이 된 것이고, 이제 남아 있는 전부는 진리 탐구다. 나는 신탁을 전하는 사제가 아니며 그렇게 되기를 원하지도 않아. 따라서 진리가 무엇인지를 말해줄 거라고 기대하지는 마. 하지만 너의 질문은 나의 질문이야. 그러니 그것을 함께 검토해보자. 자, 가보자. 우리는 그 질문을 함에 있어 혼자가 아니야. 그리고 다른 사람들이 우리에게 무슨 말을 들려줄 수 있을지 누가 알겠어? 게다가, 좋은 대화보다 더 즐겁고 교훈적인 게 뭐가 있겠어?"

* * *

그 잊을 수 없는 만남 이후로 단 하루도 우리가 함께이지 않았던 때가 있었다고 생각하지 않아. 그게 아니더라도, 언젠지 상상이 되질 않아. 내가 돌아온 뒤로 얼마나 많은 세월이 지났지? 5년. 50년 같다. 비록 스물여덟에 불과하지만. 친애하는 친구여, 나는 그 누구도 나만큼 너를 안다고 생각하지 않아. 나는 너처럼 생각하게 되었어. 너는 너의 추리 방법을 가르쳐주었어. 너는 네가 믿고 있는 모든 것을 나에게 납득시켰어. 네가 이 사람들에게 말하려고 하는 것을 단 한마디도 놓치지 않기 위해 내가 여기 있는 것이긴 하지만, 나는 네가 무엇을 말할지 이미 알고 있어. 그리고 이 재판 이후에 나는 모든 것을, 나의 글쓰기에 대한 너의 회의론에도 불구하고, 다시 한 번 글로 쓸 거야.

"더 이상 잊을 수 없을 때만 어떤 것을 참으로 아는 것이야. 영혼 내부에서 알 때만 어떤 것을 참으로 이해하는 것이야. 따라서, 플라톤, 적지 않는 게 더 좋아. 책은 사람들을 게으르게 만들어. 책은 더 이상 기억해야 할 필요를 주지 않으니까. 참된 앎 대신에 네가 얻는 것은 책 학습이야."

하지만 소크라테스, 하지만. 책 읽기는 지혜의 추구를 위해 결코 충분치 않다는 너의 논제는 물론 옳아. 오-그토록-잘생기고 오-그토록-나르시시즘적인 어떤 청년을 너는 비범하게 박식한 멍청이라고 했지? 에우튀데모스! 그가 일찍이 그토록 많은 독서를 했다는 것은, 그리고 자신이 그토록 많이 배웠다고 생각했기에 실제로 도시의 지도자가 될 준비가 되었다고 믿은 것은 부인할 수 없어. 그리고 너는 그에게 두 가지를 물었지. "네가 존재하는 모든 책을 읽었다면, 하지만 네가 너 자신을 알지 못한다면, 너는 무엇을 아는 거지? 그리고 네가 세상의 모든 학문을 장악하고 있다면, 하지만 사람들을 알지 못한다면, 너는 무엇을 할 수 있는 거지?" 그래, 적어도 에우튀데모스는 이런 질문들에서 배우고, 이어서 정기적으로 너의 말을 들으러 올 용기를 가지고 있었어. 너의 운명을 결정하기 위해 오늘 여기 있는 사람들 중 다수에 대해서는 그런 말을 할 수 없지. 바로 그렇기에 이 미친 재판은 너의 죽음으로 어어질 거야. 너도 그걸 알고 나도 그걸 알아. 그들은 너, 소크라테스를 용서하지 않을 테니. 그들은 자신들의 자랑거리인 지혜를 무지로 폭로한 너를 용서하지 않을 거야. 이 도시 안에서 중요한 것으로 보급되어 있는 것이 너와의 토론 이후에 결국 그다지 중요하지 않은 것으로 판명난다는 것을 보여준 너를. 그들은 '용기' '경건함' '정의' 같은 큰 단어를 항상 사용하지. 하지만 네가 그들에게 질문하면, 자신이 무엇에 대해 말하고 있는지 알지 못하고 있다는 게 괴롭게도 분명해지지. 이 사람들은 문명인이 되기 위해서는 페리클레스와 같은 도시에 살고 그를 앵무새처럼 흉내내는 것으로 족하다고 믿어. 그런데 너는 그게 그렇지 않다는 것을 지적하지. 네가 끊임없이 제기하는 질문이 있어. 너의 다른 모든 질문들은 단지 그 질문의 변이에 불과하지. 표면상 단순하고 겉보기에 무구한 그 질문, "그래 그렇다면 올바른 삶의 방식은 무엇인가?"라는 질문은 너의 계속된 추궁 덕택에 두려움의 대상이 되고, 그들은 그 질문이 제기되는 것을 몹시도 금지하고 싶어 하지. 네가 그들로 하여금 너의 질문에 대한 답을 찾게 만들 때, 그들이 소중하게 여기는 그들의 실존 중 너무도 많은 것이 정당성을 상실하고 말아. 고발자들과 그들의 추종자들은 네가 그들에게서 한 단어를 약탈했기 때문에 너를 이 법정 앞에 끌고 왔어. 그들은 여전히 그들이 하고 있는 것을 할 수 있고 그들이 살아가는 방식으로 살수 있어. 하지만 너는 "좋은"이라는 술어를 그들의 행위와 실존으로부터 몰수했어. 어떤 것이 단지 "나는 그것에 익숙하다" "이것이 내 귀로 들었던 것이다" "그것은 유쾌하다" "우리는 그것을 즐긴다" "그것은 내 이익에 도움이 된다"라는 이유만으로 좋은 게 아니지. 네가 단어들에게 그 단어들의 의미를 되돌려주기 시작하는 순간, 사회의 거짓말이 발가벗겨졌어. 너는 그것들의 양심이 되었어. 너는 어떤 다른 삶에 대한, 나태한 실존보다는 쉽지 않은 어떤 삶이 무한정 더 의미 있다는 사실에 대한 인격화된 기억이 되었어. 바로 그렇기에 너는 죽어야 할 뿐 아니라 망각

되어야 하지. 너의 실존은 용납될 수 없어. 바로 그렇기에, 친애하는 오랜 친구여, 나는 나의 나머지 인생을—신들이 나를 보호해주기를 바라면서—너의 삶에 대한 기억에 바칠 거야. 네가 가르쳤던 것을 나는 쓸 거야. 너는 너의 존재 방식대로 알려지게 될 거야. 나는 너의 영혼만이 아니라 너의 말 또한 불멸이 되도록 쓰겠어. 그 무엇도 상실되지 않을 것이고, 우리의 이름은 영원히 결합될 거야. 하지만 이제 너는 그곳에 홀로 서 있고, 나는 여기서 사람들 가운데 있다. 소크라테스, 말하라! 너의 변론을 위한 시간이다. 너의 말이 나의 말이 되게 하라.

* * *

"나는 명성도 권력도 탐낸 적이 없다. 나는 돈도 없다. 내 옷과 보잘것없는 재산을 보라. 신성한 지혜는 내 것이 아니다. 나는 또한 특정 신념을 설파하지도 않는다. 바로 그것 때문에 이 재판 전에도 오랫동안 증오, 비방, 시기가 나의 운명이었던 것인가? 인간적인 지혜에 전념한 한 실존의 죄는 무엇이란 말인가?

"내가 아는 것은 이것이다. 네가 갖지 않은 것으로 판명이 나는 어떤 것을 아는 척하는 것보다는 네가 알지 못한다는 것을 아는 게 더 지혜롭다. 타인들이 우리에게 주는 답을 무비판적으로 반복하는 것보다는 올바른 질문을 제

기하는 것이 인간 실존에 대한 더 큰 통찰을 제공한다. 말
이란 우리의 실존을 운반하는 무엇이다. 말들이 의미를
상실할 때, 우리의 삶 역시 무의미해지며, 뿌리가 죽은 나
무처럼 시든다. 가르치기는 다른 사람을 위한 것이다. 하
지만 나는 너희들에게 지혜, 용기, 경건, 정의 같은 것들의
의미를 성찰하도록 자극하지 못했다면 비참하게 실패했
을 것이다.

"지혜는 삶과 사유의 결합에 다름 아니라는 결론, 우리
의 행위만이 우리가 참으로 지혜로우며 삶에 관해 무언가
를 이해하고 있는지를 증명할 수 있다는 결론에 우리는
함께 이르지 않았던가? 생각 없는 삶은 어리석을 뿐 아니
라 나쁘다. 우리에게 어떻게 살지 가르쳐주는 앎은 가장
중요한 앎이다.

"우리는 '용기 있는'이라는 단어의 의미를 검토했고, 참
된 용기의 본질은 타인들을 향한 영웅적 행위에 있는 게
아니라 스스로 과감히 지혜로워지려는 용기에, 정의와 여
타 미덕들의 실천에, 진리 추구에 대한 무조건적인 충실
에 있다는 것을 배웠다.

"나의 고발자들은 자신들의 경건함을 소환한다. 하지
만 내가 묻겠다. 신들에 대해 모든 것을 알고 있고—그런
데 어떻게 아는지는 묻지 않겠는데—모든 의례들을 고분

고분 따르지만 동포 인간을 증오하는 사람은 얼마나 경건한 것인가? 고발장에 따르면 나는 신들의 존재를 부정한다. 하지만 나는 신성한 것들의 존재를 부정한 적이 없다. 반대로 나는 언제나 인간 영혼의 신성한 기원을 주장해왔다. 그리고 신은 신이고 사람은 사람이기 때문에, 오로지 영혼만이 우리 사멸자들에게 진리를 가르칠 수 있다.

"우리는 인간이고 신이 아니기 때문에, 우리 가운데 단한 명도 결코 진리를 완전하게 알 수는 없다. 그렇기에 우리는 진리를 다시 또다시, 매일 새롭게 추구해야만 한다. 그리고 우리가 조우하는 모든 것에 대해 이렇게 물어야한다. 이것은 참인가 아닌가? 이것은 가치가 있는가 없는가? 이것은 우리 존엄을 높이는가 앗아가는가? 진리는 좋은 것과 나쁜 것을 구별할 것을 요구한다. 하지만 무엇이 진리지? 무엇이 좋지? 무엇이 의미를 갖지?

"모든 생명의 원천으로서의 영혼은 우리에게 생명을 주는 모든 것은 좋고 죽이는 모든 것은 나쁘다는 것을 가르쳐준다. 영혼을 가진 모든 것은 좋으며 계속 살아갈 것이다. 영혼이 없는 모든 것은 가치 없으며 살아남을 수 없다. 정신이 깃든 삶은 망상될 수 없다. 정신이 없는 삶은 잊혀도 마땅하다. 가장 좋은 것은 참되며 계속 남을 것이다. 하지만 거짓말로 판명나는 것은 태양 아래 눈처럼 소멸될 것이다. 따라서 가장 좋은 실존이란 진리 추구와 미덕의 실천에 바쳐진다. 인간의 지혜를 사랑하는 것은 이러한 구별을 반복해서 하고 무조건적으로 진리를 선택하는 것과 다름없다.

"오래전에 나는 진리 추구에 충실하기로 선택했다. 나는 나 스스로 불의를 저지르기보다는 차라리 불의를 겪을 것이다. 거짓말을 하느니 차라리 죽을 것이다. 영혼은 불의를 용인하지 않으니까, 그리고 영혼은 거짓말을 용인하지 않으니까. 영혼은 진리 속에 살기를 원하며, 그렇지 않다면 죽는다. 그러면 나의 삶은 내가 여전히 실존하고 있더라도 끝난 것이다.

"여러분이 나한테 이렇게 말한다고 해보자.[92] '소크라테스, 이번엔 우리가 당신을 방면한다. 다만 더 이상 이런 탐색을 하면서 시간을 보내지도, 지혜 사랑하는 일을 하지도 않는다는 조건하에 방면한다. 그런데도 계속 이 일을 하다가 잡히면 당신은 죽게 될 것이다.' 자, 내가 말했던 대로 이런 조건을 달고 여러분이 나를 방면한다면, 나는 여러분에게 말할 것이다. '아테네인 여러분, 나는 여러분을 좋아하고 사랑하지만, 여러분보다는 오히려 신에게 복종할 것이다. 그래서 내가 숨 쉬고 있고 할 수 있는 한은 지혜 사랑하는 것도, 여러분에게 충고를 하는 것도, 그리고 또 매번 내가 여러분 중 누구와 만나게 되든 그에게 이점을 지적하는 것도 멈추지 않을 것이다. 내가 입버릇처럼 말해오던 대로 말이다. "가장 훌륭한 양반, 당신은 지혜와 힘에 있어서 가장 위대하고 가장 명성이 높은 국가인 아테네 사람이면서, 돈이 당신에게 최대한 많아지게 하는 일은, 그리고 명성과 명예는 돌보면서도 현명함과 진리는, 그리고 영혼이 최대한 훌륭해지게 하는 일은 돌보지도 신경 쓰지도 않는다는 게 수치스럽지 않은가?"

"그리고 여러분 가운데 누군가가 이의를 제기하면서 자기는 돌보고 있다고 주장한다면, 나는 곧바로 그를 놓아주거나 내가 가버리거나 하지 않고 오히려 그에게 묻고 검토하고 심문할 것이다. 그런데 그가 덕을 갖고 있지 않은데도 그렇다고 주장하고 있다는 생각이 내게 들면, 나는 그가 가장 많은 가치를 지닌 일은 가장 하찮게 여기며 더 보잘것없는 일은 더 중시하고 있다고 비난할 것이다. 나는 내가 만나게 되는 그 누구에게도 이런 일들을 할 것이다. 젊은이든 나이 든 이든, 외지인이든 내지인이든. 그런데 내지인인 여러분에게는 더 그렇게 할 것이다. 나와 가문이 더 가까운 만큼 말이다. 이것들을 신이 명령하고 있거니와, 이 점 잘 알아두어라, 내 생각에 여러분에게 신에 대한 나의 봉사보다 더 큰 좋음이 도대체 이 나라에 생겨난 적이 전혀 없으니까. 내가 돌아다니면서 하는 일은 다름 아니라 바로 여러분 가운데 젊은이에게나 나이 든 이에게나 영혼을 돌보는 것, 즉 영혼이 최대한 훌륭한 상태가 되도록 돌보는 것보다 우선해서, 혹은 그것과 비슷한 정도의 열심을 가지고, 육체나 돈을 돌보지 말라고 설득하는 일이다. '돈으로부터 덕이 생기는 게 아니라, 덕으로부터 돈과 인간들에게 좋은 다른 모든 것들이 사적인 영역에서든 공적인 영역에서든 생긴다'라고 말하면서.

"그런데 이런 말들을 하면서 내가 젊은이들을 망치고 있는 거라면, 이 말들은 해로운 말일 것이다. 하지만 내가 이런 말들과는 다른 말들을 한다고 누군가가 주장한다면, 그는 터무니없는 말을 하고 있는 것이다. 아테네인 여러분, 이것들을 염두에 두고 나를 방면하든 안 하든 하라. 어쨌든 나는 비록 여러 번 죽게 될 거라고 해도 다른 일들을 하지는 않을 테니까."

* * *

아테네의 국가 감옥에서, 사형 선고가 나고 한 달 후에, 소크라테스는 독배를 비운다.

2

로마의 국가 감옥에서, 1944년 2월에, 레오네 긴츠부르그
는 나치 집행자들에게 고문을 받아 죽는다.

* * *

의미 있는 삶은 우연의 일치를 알지 못한다. 하지만 선
택이 없는 것도 아니다. 러시아 유대인 가족의 아들 레오
네 긴츠부르그는 이탈리아에서 자란다. 가족은 1909년 그
가 태어난 직후 요동치는 정치 상황 때문에 오데사를 도
망쳤다. 2개 국어를 하고, 다양한 재능이 있고, 이른 나이
에 성숙했던 그는 열여덟에 톨스토이의 《안나 카레니나》
번역을 완성한다. 그 시기에 그는 또한 그의 동포 알렉산
드르 게르첸의 두꺼운 회고록 《나의 과거와 사상》을 읽
고 있다. 긴츠부르그는 게르첸을 정신적 아버지로 인정하
며, 지식인으로서의 자신의 삶을 유럽의 정신, 가치, 문화
적 유산에 바치기로 결심한다. 그는 법률 공부를 중단하
고 문학 공부를 계속하며, 공부를 마치고는 토리노대학교
에서 러시아어와 비교문학을 가르친다. 게다가 그는 에세
이를 쓰며, 두 친구와 출판사를 설립하며, 책들의 출판에
긴밀히 연루되며, 역사 시리즈를 내놓을 계획을 하며, 잡
지 《문화》의 편집 주간이 된다. 왜? 그리스인들은 참된 문
화의 본질은 인간 영혼의 경작이라는 것을 그에게 가르쳐

주었다. 그는 유럽의 정신적 유산 중 최선의 것, 즉 세계
시민적이고 수많은 세기를 아우르는 유산이 가장 정확한
출판을 통해 접근 가능해지도록 하는 것을 그의 지성적
의무라고 본다. 사유와 문학적 상상력의 세계로부터 그가
출판하는 텍스트들 덕분에, 사람들은 통찰을 얻을 수 있
으며 아마도 어떤 인간 지혜와 친숙해질 수 있다. 문화는
사람들이 자기 자신과 인간 실존에 관한 진리를 탐색하면
서 발을 디딜 수 있는 행로들의 축적이라는 것을 긴츠부
르그는 안다. 이러한 진리에 대한 헌신으로부터, 그는 유
럽 문화의 전수와 유럽 문화에 대한 기여를 그의 일생의
작업으로 삼는다.

* * *

1920년대 말 이탈리아. 긴츠부르그가 자신의 소명을 다
시 붙잡을 때, 무솔리니와 그의 파시스트들이 권력을 잡
고 있다. 천천히, 하지만 확실히, 그 나라는 지혜가 절대
복종에 자리를 양보해야만 하는 체제의 손아귀에 떨어진
다. 그렇지만 긴츠부르그는 알렉산드르 게르첸의 인생 이
야기에서 문화와 자유는 서로가 없다면 실존할 수 없다는
것을 배웠다. 자유를 파괴하는 누구든 문화를 파괴한다.
1812년 태생 토박이 모스크바인 게르첸은 전제자 니콜
라이 1세가 권력을 잡고 있던 1847년 조국을 영원히 떠난

다. 유럽의 다른 곳에서 인생의 사명으로 생각하는 일에 헌신하기 위해. 그것은 만인의 자유와 존엄을 위해 투쟁하는 것이다. 하지만 게르첸은 유럽을 보고 크게 놀란다. 1850년 4월 그는 파리에 있는 호텔방에서 편지를 쓴다.

"우리가 볼 수 있는 오래된 공식적 유럽은 잠들어 있지 않아—그것은 죽어가고 있어!

"이전 생의 마지막 노쇠하고 병약한 흔적들은 분해되는 신체 부분들을 잠시라도 함께 붙잡아놓기에 충분치 않아. 그 신체는 새롭게 결합하여 새로운 형태를 개시하기 위해 분투하고 있지.

"언뜻 보기에는 여전히 정상적인 것이 많이 있어. 일들은 순조롭게 돌아가고, 판사들은 판결을 내리고, 교회 문이 열리고, 증권거래소에 활기가 넘치고, 군대는 기동 훈련을 하고, 궁전은 눈부시게 빛나. 하지만 삶의 영혼은 달아나버렸고, 모든 사람의 심정이 불안스럽고, 죽음이 바로 가까이에 있으며, 실제로는 아무것도 제대로 돌아가질 않아. 실제로는 교회도, 군대도, 정부도, 사법부도 없어. 모든 것이 경찰이 되었지. 경찰이 유럽을 수호하고 있고 구원하고 있고, 왕좌도 제단도 경찰의 보호하에 있어. 경찰은 현 순간을 얻기 위해 삶을 부자연스럽게 계속 유지시키는 직류 전류야. 하지만 그 질병의 소모적인 불은 진화되지 않지. 그것은 다만 내부로 내몰렸을 뿐이야. 그것은 은폐되었어. 시대와 더불어 바위 같은 영구적인 성질을 획득했던 것처럼 보이는 그 모든 더럽혀진 벽들과 기념물들—안전하지 않다. 그것들은 숲이 벌목되고 나서 오랜 뒤에 남아 있는 그루터기 같아. 그것들은 완고한 파괴 불가능성의 모습을 보존하고 있지. 누군가가 발로 차기 전까지는."

내부로부터 썩었고, 도덕적으로 타락했으며, 폭력의 지배를 통해 똑바로 유지된다—이것이 유럽의 지배권력에 대한 게르첸의 평가다. 그는 혁명을 설파하는 자들에게 공감한다. 하지만 그들의 이데올로기적 추상의 결과들은 그를 몸서리치게 만든다. "천상의 낙원을 믿지만 지상의 유토피아를 믿지 않는 것이 왜 어리석은 것인가?" 그는 친구들에게 묻는다. 인간들이 가져야만 하는 한 가지는 자신들의 삶을 살아갈, 자신들의 삶에 의미를 부여하는 자가 될 자유다. 회고록에서 그는 프랑스 역사가이자 정치가인 루이 블랑과의 짧은 대화를 기록한다. 그때 그 둘은 1852년 런던에 망명해 있었다.

"한 인간의 삶은 거대한 사회적 의무야. 인간은 **마땅히** 공동체의 선을 위해 자신을 계속해서 희생해야만 해……"

"왜 그래야 해?" 나는 물었다.

"'왜'라니, 무슨 뜻이야? 이걸 생각해봐. 개인의 전 목적, 전 목적지는 언제나 공동체의 복지야."

"모든 사람이 희생당하고 그 누구도 즐기지 못한다면 그건 결코 달성되지 않을 거야."

"말 게임이로군."

"야만의 바벨."[93] 나는 미소지으면서 말했다.

사회의 해체와 물질주의에 맞서 싸우기 위해 충분한 일을 하지 않았다고 그를 비난한 한 반동적 사제에 대한 응답으로 그는 이렇게 쓴다. "자유 대신에 반물질주의와 군주제적 원리들이 지배할 때, 그렇다면 당신은 우리가 홀로 남아 있을 장소를, 그뿐 아니라 그들이 우리를—지금 로마와 밀라노, 프랑스, 러시아에서 어느 정도로 일어나고 있듯이—목매달거나 불태우거나 능지처참하지 않을 장소를 보여주겠는가?"

하지만 게르첸이 전념하고 있는 것은 하위 중간계급이나 상인들의 자유가 아니다. 《나의 과거와 사상》에서 그는 다음과 같은 성찰을 제시한다. "기사들이 봉건세계의 원형이었듯이, 판매원은 신세계의 원형이 되었다. '신사'는 '사업가'로 대체된다. …… 이 프티**부르주아지**의 영향 하에 유럽에서 모든 것이 변했다. 기사의 명예는 회계사 같은 정확성으로 대체되었다. 품격 있는 매너는 사회적 관례로, 예의는 꾸밈으로, 자부심은 까칠함으로, 공원은 텃밭으로, 궁전은 모두(즉 돈 있는 모두)에게 개방되는 호텔로, 기타 등등. …… 도덕 일체는 이제 다음과 같았다. 돈 없는 사람들은 가능한 모든 수단을 통해 획득해야만 하고 돈이 있는 사람들은 소유물을 보존하고 늘려야 한다. 거래가 개시될 수 있다는 것을 알리기 위해 시장에 게양되는 깃발은 새로운 사회의 기치가 되었다. 사람들은 사실상 소유의 부속물이 되었다. 삶은 돈을 위한 항구적 투쟁으로 환원되었다. …… 근대적 의미에서 유럽적인 모든 것은 분명 이 거래 사고방식에서 연원하는 두 가지 특징을 갖는다. 한편으로, 위선과 은밀. 다른 한편으로, 과시벽과 진열창 장식. 상품을 가장 좋은 면으로만 진열하기. 상품을 반값에 구입하기. 정크를 좋은 제품으로 팔기. 본질보다 형태가 앞서게 하기. 존재 대신에 외양. 잘 행동하는 대신에 점잖게 행동하기. 내적 존엄 대신에 외적 존경스러움을 유지하기."

그는 너무 암울한가? 너무 비관주의적인가? 그는 수많은 그의 친구들과 독자들로부터 이러한 비판을 받는다. 그렇지만 그는 존 스튜어트 밀의 책 《자유론》을 독서할 때 지지를 발견한다. 회고록에서 게르첸은 이렇게 적는다. "한 달 전에 밀은 **생각과 말과 개인의 자유**를 옹호하는 놀라운 책을 출간했다. …… 2세기 전에 …… 밀턴은 정부의 권력으로부터 공격에 맞서, 권력의 남용에 맞서 말의 자유를 방어했으며, 고귀하고 활기찬 모든 것이 그의 편에 있었다. 존 스튜어트 밀은 아주 다른 적을 가지고 있다. 그는 진격하는 정부에 맞서서가 아니라 사회에 맞서, 관습에 맞서, 무관심의 살인적인 권력에 맞서, 편협성에 맞서, 평범함에 맞서 자유를 방어한다. 인성과 취미와 생활양식의 지속적 타락, 사람들의 관심을 끄는 것들의 공허함, 그들의 무관심은 그에게 혐오스러운 것이다. 더 면밀히 들여다보면서 그는 모든 것이 표피적이고 표준화되고 사소하고 진부하고 어쩌면 더 '부르주아적인' 것이 되었다는 것을, 하지만 그렇기에 더욱더 평범해졌다는 것을 분명하게 본다. 그는 영국에서 일반적인 무리-중-하나 타입(토크빌이 프랑스에서 목격했던 것)이 생겨나고 있는 것을 본다. 그리고 심각하게 머리를 가로저으면서 그는 동시대인들에게 말한다. '멈춰라! 생각하라! 너는 어디로 가고 있는지 모르겠는가? 봐라, 너의 영혼이 쇠미해지고 있다!'"

문화는 자유가 없는 곳에 존재할 수 없다. 하지만 문화가 추방된 곳에서 자유는 무의미하다. 남아 있는 모든 것은 임의적이고 사소하다. 게르첸이 가슴과 영혼으로 지키고자 소망하는 자유는 개인의 인격을 형성할 수 있는 자유, 사람들로 하여금 자신들의 영혼을 함양하여 인간 존엄의 본보기가 될 수 있게 해주는 자유다. 바로 이 자유를 위해서 그는 런던에서 자유 러시아 출판사를 만들고 《종》이라는 잡지를 출간한다. 그는 잡지의 편집 목적을 이렇게 묘사한다. "모든 곳에서, 모든 것에서, 언제나 자유의 편에 있고, 불의에 반대하고, 앎의 편에 있고, 미신과 광신에 반대하고, 완전히 성숙한 사람들 편에 있고, 반동적 운동에 반대하는 것, 이것들이 우리의 목표다." 이러한 사명 선언에서 레오네 긴츠부르그는 유럽의 문명 이상에 대한 간결한 묘사를 인지한다. 그렇지만 그가 다른 멘토에게, 소크라테스에게 신세를 진 통찰이 있다. 즉 모든 문화의 심장에는 삶에 대한 어떤 태도, 어떤 개인적 윤리가 놓여 있는데, 그 속에서 말은 행동으로 전화되어야만 의미가 있을 수 있으며, 또한 삶에 의미를 제공할 수 있는 유일한 것인 진리에 대한 중단 없는 탐구에 무조건 충실하게 된다. 삶에 대한 바로 이러한 태도를 소크라테스는 인간적 지혜와 참된 용기라고 불렀다.

수세기 동안, 진리 속에 살아간다는 고전적인 인간주의적 이상은 그 이상이 권력의 세계와 사회의 유혹들을 멀리하는 고독한 삶$^{vita \, solitaria}$, 은둔의 고독한 실존을 통해 가장 잘 실현될 것이라는 생각에 의해 지배되었다. 하지만 긴츠부르그는 자유 같은 절대적 가치들이 위험에 처하고 그것들과 함께 문명의 생존이 위험에 처할 때 이와 같은 삶은 거짓말에 불과하다는 데 대해 게르첸과 같은 의견이 다. 이것은 문화적 활둥에 더해 그가 정치에 깊이 관여를 하게 되고—안드레아 카피, 니콜라 키아로몬테, 그리고 미 래의 아내 나탈리아 레비의 형제들을 포함해서 그의 가장 가까운 친구들과 함께—반파시즘 운동 활동을 하는 이유 다. 파시즘은 유럽 문명의 근본 가치들을 부정하는 거짓 말이기 때문에.

이어지는 시기에, 레오네 긴츠부르그와 그의 정치적 친 구들은 박해, 체포, 투옥에 직면한다. 1940년 긴츠부르그 와 그의 가족은 아브루치 지역의 작은 마을로 피신한다.

1943년 7월 25일 무솔리니는 전복된다. 긴츠부르그는 다시 한 번 정치적 활동을 하기 위해 로마로 간다. 9월에 나치가 이탈리아를 점령한다. 비밀 저항 신문에 협력한 것 때문에 그는 11월에 체포된다. 이탈리아 파시스트들은 그를 독일인들에게 넘긴다. 로마 국가 감옥에서 그는 그 의 아내이며 세 아이의 어머니인 나탈리아에게 편지를 쓴 다. 이 편지는 그의 삶의 마지막 증언이 될 것이다. 그는 그녀에게 어떻게 자신의 운명에 관한 두려움을 극복하려고 항상적으로 노력하고 있는지, 그리고 대신에 그의 동료 인간들의 고통에 집중하는지를 말한다. 그는 편지를 이 말로 끝맺는다. "용기를 내." 그는 소크라테스적 용기를 말하고 있다. 지혜로워지려는 용기, 선과 악을 구분하려는 용기, 진리에 대한 탐구에 충실하려는 용기. 그와 동일한 방식으로 용기를 내는 것, 그것이 그 자신이 바라는 것이다.

* * *

벌써 얼마나 오래됐지? 얼마나 더 오래갈까? 고통으로 감각을 잃고 탈진한 상태로 그는 감방에 누워 있다. 고문은 언제 시작되었지? 그는 더 이상 알지 못한다. 이제 며칠 동안, 그들은 그를 잠들지 못하게 했다. 몇 시간마다 그들은 그를 데리고 나간다. 감방보다 더 큰 공간으로 데리고 가서, 수갑을 채우고, 탁자 뒤 의자에 앉힌다. 바로 맞은편에서 독일 장교가 심문을 시작한다. 그러는 동안, 뒤에 서 있는 집행인이 양손으로 그의 머리 양쪽을 친다. 좌! 우! 좌! 우! 그의 머리는 시계추처럼 앞뒤로 흔들린다. 그리고 감방에 누워 있는 지금, 바윗덩이가 머리 양편을 때리고 있는 것만 같다. 고통 때문에 잠을 이룰 수 없다. 하지만 탈진이 너무 심해서 생각하는 것도 불가능하다. 잠시 의식을 잃는다.

상상일까 현실일까? 그는 알지 못한다. 하지만 감방 문
이 열리고, 카속을 입었지만 가슴에 커다란 만자십자장
을 단 사제가 들어와 작은 스툴에 앉는다. 긴츠부르그는
한때 대학교에서 그의 동료였던 그 작고 마른 중년 남자
를 알아보고는 깜짝 놀란다. 그는 그의 이름이 기억나지
않는다. 그가 가르친 학과도 확실하지가 않다. 신학? 철
학? 어쩌면 역사나 예술사―그냥 모르겠다. 여하튼, 그는
아무런 특별한 이유 없이 언제나 피했던 사람이었다. 둘
다 강의를 하고 있을 때 그 사람이 인간적 접촉을 원한다
는 걸 알아차리긴 했지만. 어떤 이유에선가 그 사제는 그
에게 아무런 큰 동정심도 불러일으키지 않았으며, 그래서
그들의 관계는, 비우호적인 것은 아니더라도, 소원한 상
태로 있었다. 그는 그 남자의 동료 중 누구도 특별히 그
남자를 좋아하지 않는다는 인상을 받았다. 모두가 그의
지성적 능력을 대단히 존경했지만 말이다. 그가 읽지 않
은 책은 없었다. 그는 경이적인 언어 능력이 있었다. 심지
어 그는 러시아어도 읽을 수 있었다. 갑자기 긴츠부르그
는 특별한 상황이 기억난다. 1934년 1월, 긴츠부르그는 파
시스트 정권에 대한 충성 서약에 서명하길 거부했다―나
중에 판명나기를, 그는 그렇게 한 아주 소수 중 한 명이었
다. 대학에 더 이상 있을 수 없게 되어 대학 연구실을 정

리하고 있을 때, 그 사제가 잠시 들렀다. 그는 출입구에
서 있었다. 그가 한 말은 이게 다였다. "우리는 이 일로 너
를 용서하지 않을 거야." 긴츠부르그는 놀라서 그를 쳐다
보고 물었다: "그런데 '우리'는 누구고 넌 무얼 '용서'하지
않겠다는 거지?" 불청객이 대답했다: "우리란 나 같은 사
람을 말해. 인생의 최대 지혜는 적응에 있다는 것을 이해
하는 사람. 우리가 용서하지 않겠다는 건 네가 그걸 기꺼
이 받아들이지 않는 거야." 그러고 나서—가슴에 가톨릭
십자가를 지금도 달고 있는—그 사제는 잠시 말없이 그를
쳐다보고는 돌아서서 가버렸다. 대학교를 떠나게 되어, 그
는 다시 그 사제를 보지 못했다. 그리고 10년 후 그가 다
시 저기 있다. 이 어둡고 차가운 감방 안에. 아닌가? 그저
악몽인가? 하지만 그때 방문객은 말하기 시작한다.

* * *

"나 기억나? 기억날 거야. 그래, 나야. 우린 정말 서로
알지. 동료였잖아. 넌 언제나 최선을 다해 나를 무시했지
만. 왜 그랬을까? 그때도 나는 복종의 서약을 했었으니
까—그래서 너희 자유로운 지식인들은 나를 경시했던 거
야? 권위에 기꺼이 고개를 숙이면 네가 더 모자란 사람인
거야? 나는 종종 너와 너의 친구들과 대화를 시작해보려
고 했어. 소크라테스적 대화를. 즉 우리 교육받은 사람들

이 함께, 변증술의 법칙에 따라 진리를 추구하면서. 나는 질문을 하려고 했을 거야. 하지만 너는 나를 보지 않았어. 마치 내가 존재하지 않는 듯이." 감정을 품은 그 느린 목소리가 멈추었다. 키득거리는 웃음소리가 들렸다. "도대체 어떤 천재가 로마 국가 감옥 이름을 '레지나 코엘리, 천상의 여왕'이라고 지을 생각을 한 걸까? 내가 바로 여기서 집처럼 편안한 느낌인 걸 넌 이해할 수 있어? 이곳은 복종이 지배하는 곳이야! 오직 너만이, 나의 친구여, 다시금 복종하지 않지. 왜 너는 그들이 널 고문하도록 해주는 거야? 왜 너는 도대체 적응하지 않으려는 거지? 아직도 몰라, 응? 이 얼음장 같은 감방 바닥에서 피를 한가득 흘리면서 죽어가면서 여기 있는 대신에 행복하게 너의 아내, 아이들과 함께 있을 수 있다는 걸 몰라? 그 모든 세월을 기다렸으니, 너무 늦기 전에, 우리 소크라테스적 대화를 나눠보자.

"첫 질문. 왜 우리는, 고전을 알고 있는 우리는, 올바른 마음을 가진 우리는 **더 좋은** 세계를 위해 힘을 쏟을까? 우리야말로 뭘 모르는 사람들 아닐까? 대답해봐! 돈 때문에 도덕이 다 죽는다고 불평하면서 시대의 지적인 우둔함을 끊임없이 한탄하는 게 누구지? 그래 맞아, 타의 추종을 불허하는 편지들에서 프란체스코 페트라르카가 그러고 있지. 700년 전에, 친구. 700년. 그때 이후로 이 불평이 없었던 한 시기, 혹은 한 해라도 있었나? 이와 관련해서 무슨 진정한 진보가 이루어졌어? 우리는 답을 알고 있지. 사랑하는 **진리**가 관련된 곳에서 너는 그토록 고결한 정신을 가지고 있어. 하지만 권위에는 찬성하지 않지. **자유**와 **민주주의**에 대한 이 절대적 필요는 왜지? 왜? 난 그걸 이해할 수가 없어. 넌 게르첸을 너무 선택적으로 읽어서 이런 구절은 놓쳤지? '진리를 존중하는 사람이라면 그가 처음 만난 길 잃은 사람에게 의견을 묻겠는가? 콜럼버스나 코페르니쿠스가 아메리카의 발견이나 지구의 자전을 표결에 부쳤다고 한다면 어찌 되었을 것인가?' 자, 할 말 없어? 그리고 플라톤, 우리의 신성한 플라톤. 모든 민주주의는 결국 참주정으로 끝난다고 예상했을 때 예언자 같지 않아? 사람들은 자유를 다룰 수 없어. 자유는 그들의 삶을 너무 어렵게 만들어. 이와 관련해서 도스토예프스키는 그의 책에서 플라톤을 모방했을 뿐이야. 이 모든 것이 실현되지 않았어? 정확히 불멸의 대심문관이 묘사하듯이, 우리의 위대한 지도자들에게 수백만이 환호하고 있는 걸 봤어? 그 사람들에게 자유를 줘봐. 그러면 그 자유는 걷잡을 수 없는 비행^{非行}으로 이어질 거야. '가치와 규범'을 원하는 더 많은 아우성이 뒤따를 거고, 수사학에 재능이 있다고 하는 바로 그다음 지도자가 다시금 우상화될 거야. 너도 그런 일이 일어나는 걸 보았지. 도대체 무엇 때문에 사태가 바뀔 거라고 생각하는 거지?

　"왜 너는 파시즘을 경멸하지? 민주주의가 정말 그렇게 더 좋아? 민주주의 지도자들은 우리의 파시스트 유토피아 지도자들보다 조금이라도 더 나을까? 나는 우둔한 사람이 아니야. 우리는 이 전쟁에서 패할 거야. 1년, 어쩌면 2년이 더 있어야 할지도 모르지. 그러고 나면 이 모험은 끝나. 나는 이에 대해서는 전혀 문제가 없어. 우리의 관념들은 살아남을 거야. 사람들은 우리가 알고 있는 것을 배우게 될 거야. 내 말 명심해. '민주주의는 전 지구적으로 회복될 것이다.' 더 큰 드라마 감각과 더불어서. 그러면 어떻게 될까? 우리는 선전과 이미지의 힘을, 대중의 일부가 되는 것에서 오는 도취를 발명한 사람들이야. 우리는 사람들이 실체보다는 겉모습에 더 관심이 많다는 것을 이해한 사람들이야. 이 진리를 무시할 때 단 하나의 정당이라도 살아남을 수 있다고 생각해? 이런 걸 전혀 원하지 않는 정치가가 그래도 성공할 수 있다고 생각해? 멋진 그림들과 수사학—그것이, 나의 친구여, 우리의 유산이야. 그리고 아무도 이를 피해가지 못할 거야.

　"정말 이해 못하겠는 건 이거야. 도대체 넌 어떻게 민주주의와 너의 문화가 공존할 수 있다고 생각할 수 있지? 대중은 관심 없어. 그들의 머리는 아무 질문도 원하지 않고, 그들의 배는 채워주길 원하니까. 정치인들도 관심 없어. 그들의 권력은 대중의 우둔함에 달려 있으니까. 그리고 정말로 권력 있는 자들, 돈 가진 자들도 관심 없어. 문화는 돈이 드니까. 미국에 가본 적 있어? 난 가봤어—**멋진 사람들**, 멋진 사람들, 하지만 문화는 없어. 날 믿어, 전 지구적으로 민주주의가 복원되고 50년이 지나면, 문화는 금지될 거야. 상업과 돈이 최고로 군림할 거야. **시장 지향적**이고, **민주적**이고, **효율적**이지 않은 것은 존재하지 않을 거야. 너의 출판사, 너의 책, 너의 잡지는 첫 희생양이 될 거야. 그리고 그곳에서, 책이 여전히 발견될 수 있는 그곳에서, 책은 읽히지 않을 거야. **모든 것**이 **새로운, 섹시한, 매력적**인 것이어야 할 거야. 그게 팔리는 거고, 그게 사람들이 원하는 거야. 제발 민주주의와 문화는 공존할 수 **없다**는 걸 인정해주겠어? 예상할 수 있었지. 여하튼 시도는 있었고 실패했지. 다 좋아.

"그런데 너는 왜 이렇게 저항을 하지? 우리의 진정한 적이 네가 그토록 경멸하는 바로 그 자본주의라는 걸 몰라? 우리가 돈의 전능에 대항하는 전투를 시작한 사람들이라는 것을? 우리가 쾌락주의에 대항하여 가치들과 기준들을 유지하고자 하고, 미국주의에 대항하여 우리의 전통, 우리의 문화, 우리의 정체성을 유지하고자 하는 사람들이라는 것을? 다행히도 대부분의 지식인들은 우리가 사회의 타락에 대항해서 그리고 고전적 가치들의 회복을 위해서 싸우고 있다는 것을 이해했어. 바로 그렇기 때문에 그들 중 다수는 충성 서약에 반대하지 않고 파시즘으로 돌아섰지. 그래, 그렇게 우리는 복종을 요구해. 다른 한편으로 우리는 지식인들에게 진정한 엘리트를 다시 구성할 기회를 제공하지. 게다가 우리 지식인 친구들은 얼마나 비판적이야? 넌 다양한 의견들 말고는 제공할 게 아무것도 없는 오늘날의 소피스트보다 더 인정과 명성을 열망하는 사람을 알고 있어?

"넌 세상을 더 좋게 만들길 원하지. 자코뱅 당원이건 마르크스주의자건 모든 혁명가들이 일단 권력을 쥐면 단 한 가지, 즉 더 많은 권력을 원한다는 걸 도대체 알고 있었어? 그리고 넌 이 지상의 가난한 자들이 그 무슨 돈을 획득하자마자 단 한 가지, 즉 더 많은 돈을 원한다는 걸 도대체 알고 있었어? 더 많은 권력, 더 많은 돈. 더 많은 돈, 더 많은 권력. 사람들은 아무리 많이 가져도 절대로 충분치가 않아. 이것을 인간 본성의 법칙이라고 부르자. 이 법칙이 지배하지 않는 세계는 상상할 수 없어. 그리고 탐욕

225

의 법칙보다 더 많은 폭력을 낳는 법칙은 없어. 이건 그다지 이해하기 어려운 게 아니야. 내가 훨씬 더 이해하기 어려운 것은—그리고 네가 나를 좀 도와주었으면 하는 것은—너의 영웅인 위대한 사상가들, 소크라테스, 페트라르카, 도스토예프스키, 게르첸 같은 사상가들이 인간 본성을 그렇게 엄청나게 잘 이해하면서도 그토록 잘못된 결론을 이끌어냈다는 것이야. 사람들은 선하지 **않아**. 바로 그 때문에 너는 더 좋은 세계를 보게 될 거라고 절대로 기대할 수 없는 거지.

"세계가 더 좋아질 수 없다면 말이야—그런데 확실히 지난 이 몇 십 년을 보면 그런 일은 결코 일어나지 않을 거 같은데—올바른 결론은 단 하나뿐이야. 지배권력에 복종하라. 적응하라, 그리고 너 스스로 가능한 한 많은 권력을 쌓아라. 나 같은 가톨릭 사제가 이제 만자십자장을 하고 있다는 게 넌 놀랍지 않아? 로마 가톨릭교회는 절대 복종과 적응 기술을 가르칠 최선의 제도 아닐까? 교황이 '조용!'이라고 말할 때 진짜 사제라면 계속 말을 할까? 우리 사제들이 있어서 사람들에게 이를 가르치지 않았다면 이 나라에서 파시즘이 도대체 그토록 놀라운 성공을 거둘 수 있었을까? 가톨릭교와 파시즘은 실질적으로 차이가 그렇게 많은 게 아니야. 독일인들은 반유대주의로 도를 넘고 있어. 유대교는 우리한테 문제가 되지 않아. 확실히 나한테는 아니야. 반대로 나는 너의 지적인 전통을 동경해왔어. 선택받은 사람들이라는 너의 감각을. 나는 내가 그곳에 속한다고 보지…… 아마 전쟁이 끝나고 나면 너는 결국 너의 국가를 지키겠지―마침내, 너의 나라를. 그런 다음 어떤 일이 일어날지 넌 알고 있지. 너는 **더 많은** 땅을 원할 거야! 나는 정말로 이해가 가. 하지만 역사적 관점에서는 좀 퇴보적인 생각이야. 근대적인 나라는 더 많은 땅을 원하지 않아. 근대적인 나라는 **새로운 시장**을 원해. 모든 외국인은 우리 물건을 사는 한 존경을 받을 만하지. 경제력, 그것이 미래의 권력이야, 나의 친구.

"이 소크라테스 스타일 대화에 결론을 내보자. 너는 세계 때문에 이 끔찍한 운명을 네게 초래한 게 아니야. 가망 없는 우리의 세계한테는 너의 삶 역시 너무 가치가 있다고 해야지."

목소리는 침묵한다. 키득거림조차 없다. 목소리가 다시 들리기 시작할 때, 무언가가 바뀌었다. 앞서 목소리가 단조롭고 감정이 담기지 않았다면, 이제 말이 더 단호하며 목소리는 억눌린 분노를 숨기고 있는 듯 떨린다.

"한 가지 가능성만 남아. 네가 관심을 두는 것은 **세계가** 아니야. 단지 **너 자신**이지. 소크라테스가 자신을 방어하면서 뭐라고 말했지? '현명함과 진리, 그리고 영혼이 최대한 훌륭해지게 하는 일을 돌보고 신경 써라!'[94] 멜로드라마가 따로 없지. 너는 정말 이 말도 안 되는 걸 믿어? 나는 그걸 받아들이기 힘들어. 하지만 그건 너의 삶과 선택에 대해 내가 내놓을 수 있는 유일한 설명이야.

"그렇지만 소크라테스와 지혜로운 칼리클레스의 대화 아직 기억하지? 참으로 지혜로운 그 사람이 어떻게 너의 철학에 거역하는지를? '오히려 내가 지금 너에게 솔직하게 말하는 이것이 자연에 따른 훌륭하고 정의로운 것이다. 올바르게 삶을 살아가려는 자는 자신의 욕구들이 최대한 커지도록 놓아두고 응징해서는 안 되며, 욕구들이 최대한 커졌을 때 용기와 슬기로써 능히 그것들을 섬길 수 있어야 하며, 매번 욕구가 원하는 것들로 그 욕구들을 충족시킬 수 있어야 한다는 말이지. …… 소크라테스, 진리는―당신이 추구한다고 주장하는 진리 말인데―이렇다. 사치와 무절제와 자유, 이것들이 지원을 받으면 그것들이 덕이고 행복이다. 그 밖에 모든 것들은 말만 번듯한 장식들이며, 자연에 반하는, 사람들 간의 협약들로서 실없는 소리이자 전혀 무가치한 것들이다.'[95] 이게 진리일까 아닐까? 내가 살짝 이렇게 덧붙여도 될까? 이런 행복을 얻을 최선의 길은 적응과 복종이라고. 민주주의에서도, 특히 민주주의에서도, 친구.

"너의 영웅과 나의 영웅이 대화할 때 우리는 거기 없었지. 하지만 날 믿어. 소크라테스는 고작 대답을 더듬거릴 뿐이었지. 플라톤이 쓴 것은 잊어—그는 단지 그 늙은이의 태도를 실제보다 더 좋아 보이게 만들고 싶었던 거야. 하지만 플라톤도 피해갈 수 없는 사실이 있었지. 즉 소크라테스는 그 자신도 부인할 수 없고 부인하길 원하지 않는 반박 불가능한 현실에 맞서 반복해서 고작 한 가지 주장 말고는 가진 게 없었지. 불멸의 인간 영혼은 그것의 신성한 기원을, 진리를 열망한다는 주장.

"자 그렇다면, 이건 또 뭘까? 우선, '신성한'이라는 말은 문제가 있어. 너도 나도 알고 있잖아. 존재할 수 있는 유일한 신은 참으로 **전능한** 신이라는 걸. 그리고 분명 너 역시 니체, 다윈, 프로이트를 알고 있다고 가정해도 좋겠지. 이들은 칼리클레스가 아주 정확히 정립한 것을 각기 나름의 방식으로 반복할 뿐이야."

목소리는 더 커지고 더 단호해진다.

"그렇다면 영혼과 신성한 진리에 관한 이 말도 안 되는 건 뭐지! 난 알아, 그게 참이라면 나는 지옥 불에 떨어지겠지. 하지만 유일하게 존재하는 지옥은, 친구, 지상 이곳에 있어. 내가 탈출에 성공한 지옥."

잠시 다시 조용하다.

"레오네, 난 너에게 언제나 이걸 물어보고 싶었어."

목소리는 이제 속삭이고 있다.

"소크라테스가 틀리다면 그게 무얼 의미하는지 알겠어? 너의 전 인생, 네가 이룬 모든 것이 그저 하나의 거대하고 무시무시한 착오에 의지하고 있는 거라는 걸 알겠어? 너는 그들이 너를 고문하게 내버려두고 있고, 겨우 서른다섯에 거짓된 무언가를 믿었기 때문에 곧 죽는다는 걸?"

조용하다. 문이 쾅 닫히는 소리. 그의 눈앞은 온통 검게 변한다.

* * *

갑자기 또 다른 이미지가 그의 머리를 채운다. 어느 이른 여름 아침. 태양의 첫 광선이 빛나면서 곡식이 익어가는 들판은 먼 언덕을 깊어가는 노랑 빛깔로 채색한다. 사람들은 마을을 떠났다. 그는 잠들어 있는 두 아이와 새로 태어난 아기에게 키스한다. 그는 로마로 갈 준비가 되어 있다. 하지만 그의 젊은 아내는 커피라도 마시라고 고집한다. 조금 뒤에 그들은 함께 문밖에, 그 작은 집 앞에 있다. 그들이 5년의 결혼 생활 중 3년을 보낸 집. 위풍당당한 푸른 왜가리 한 마리가 하늘을 지나간다. 그녀는 그를 껴안고 키스한다. "조심해." 그녀가 부드럽게 말한다. 그는 그녀의 눈을 들여다보고, 미소를 짓고, 그녀의 짧은 머리를 어루만지면서 말한다. "용기를 내." 그러고는 모든 것이 하얗게 변한다.

선별 참고문헌

Goethe. *Faust*, Part One. Translated and with an introduction and notes by
David Luke. Oxford World's Classics. Oxford: Oxford University Press,
1987. 한국어판: 요한 볼프강 폰 괴테, 《파우스트 1》, 정서웅 옮김, 민음사,
1999.

Gracián y Morales, Baltasar. *The Oracle, a Manual of the Art of Discretion /
Oraculo manual y arte de prudencia*. The Spanish text and an English
translation, with critical introduction and notes, by L. B. Walton.
London: Dent, 1953. 한국어판: 발타자르 그라시안, 《영어속담과 함께 읽는
세상의 지혜》, 이동진 옮김, 해누리, 2017.

Herzen, Alexander. *From the Other Shore*, translated from the Russian by
Moura Budberg, and *The Russian People and Socialism*, translated from
the French by Richard Wolheim, with an introduction by Isaiah Berlin.
Oxford: Oxford University Press, 1979.

Herzen, Alexander. *My Past and Thoughts*. 4 vols. Translated from the Russian
by Constance Garnett; revised [and edited] by Humphrey Higgens; with
an introduction by Isaiah Berlin. London: Chatto and Windus, 1968.

Mann, Thomas. *Doctor Faustus: The Life of the German Composer Adrian
Leverkühn as Told by a Friend*. Translated from the German by John
E. Woods. New York: Alfred A. Knopf, 1997. 한국어판: 토마스 만,
《파우스트 박사》, 임홍배·박병덕 옮김, 민음사, 2010.

Mann, Thomas. *The Magic Mountain: A Novel*. Translated from the German
by John E. Woods. New York: Alfred A. Knopf, 1995. 한국어판: 토마스
만, 《마의 산》, 홍성광 옮김, 을유문화사, 2008.

Plato. *The Collected Dialogues of Plato: Including the Letters*. Edited by Edith
Hamilton and Huntington Cairns. Bollingen Series LXXI. Princeton,
N.J.: Princeton University Press, 2005.

Plato. *The Dialogues of Plato*. 3d edition. Translated into English, with analyses
and introductions, by B. Jowett. Oxford: Clarendon Press / Oxford
University Press, 1931.

Todd, Olivier. *Albert Camus: A Life*. Translated from the French by Benjamin

Ivry. Alfred A. Knopf, 1997. 한국어판: 올리비에 토드, 《카뮈》, 김진식 옮김, 책세상, 2000.

Whitman, Walt. *Complete Poetry and Collected Prose*. Edited by Justin Kaplan. The Library of America. New York: Literary Classics of the United States, 1982.

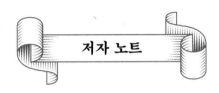

저자 노트

'잊을 수 없는 대화들' 옆에는 '잊을 수 없는 편지들'이 있다. 그런 편지들 중 하나는 니콜로 마키아벨리가 1513년 12월 10일 친구 프란체스코 베토리에게 쓴 편지다. 그 편지에서 그는 어떻게 그가 작지만 중요한 논고《군주론》을 쓰게 되었는지를 설명한다. 다음 구절은 유명하다:

저녁이 되면 나는 집으로 돌아와 내 서재로
들어간다. 문지방에서 나는 흙먼지로 덮인 작업복을
벗고 궁전의 의복을 입는다. 잘 갖추어 입고 준비가
되면, 나는 고대인들의 유서 깊은 궁전 안으로
들어간다. 그곳에서 나는 그들에게서 세심한 환대를

받으면서 나의 유일한 음식, 내가 태어난 목적인
그 음식을 섭취한다. 그곳에서 나는 부끄러움 없이
그들과 대화하고 그들의 행위 동기를 묻는다. 그들은
인간적 친절함으로 내게 답한다. 한 번 들어갈
때마다 네 시간 동안 나는 지루함을 전혀 느끼지
않으며, 일체의 걱정을 잊고, 가난을 두려워하지
않고, 죽음에 공포를 느끼지 않는다. 나는 전적으로
그들에게 몰입한다.

나는 나 자신의 연구를 통해 찾아낸 옛 친구들을 이 책
의 집필에 기여하도록 초대했다. 구절들과 대화들이 친숙
해 보인다면, 정말 그런 것이다. 그것들을 이용할 수 있게
해준 출판사, 편집자, 번역가들의 호의로, 직접 차용한 것
들이니까. 다른 어떤 말들은 나의 것이다. 〈때맞은 질문들
에 대한 때맞지 않은 대화들〉 장에 나오는 인용 표시 없
는 구절 때문에 신경이 거슬리는 독자들은 만의 《파우스
트 박사》의 34장에서 그 구절을 발견할 것이다.

다른 인용문들을 뒤쫓고 싶은, 혹은 한층 더 좋게는, 내
책에서 언급된 대화 같은 잊을 수 없는 대화에 참여하고
싶은 독자들은 선별 참고문헌에서 출전을 찾을 수 있을
것이다. 마키아벨리는 옳다. 지루함을 완화하고, 걱정의

무게를 경감하고, 가난의 두려움과 죽음의 공포를 약화시킬 최선의 약은 철학과 문학 세계의 대가들과 하루에 적어도 네 시간 대화를 하면서 보내는 것이다. 소크라테스가 더 적극적으로 말했듯이, 사려 깊은 대화는 삶을 검토하고 삶을 살 가치가 있게 만드는 최선의 방법이다.

미주

1 조지프 콘래드, 《암흑의 핵심》, 이상옥 옮김, 민음사, 1998, 158쪽.

2 재즈 피아니스트 돔 살바도르Dom Salvador는 1977년부터 리버 카페 전속 연주자로 있어왔다.

3 자유의 여신상을 떠받치는 기단에 새겨진 에마 래저러스Emma Lazarus의 소네트 〈새로운 거상The New Colossus〉의 일부.

4 이 두 독일어는 각각 "끝까지 견디다"와 "인내"라는 뜻이다.

5 '시와 진리'는 괴테의 자서전 제목이다.

6 nobleman. 문자 그대로는 '고귀한 인간'이라는 뜻이다.

7 요한 볼프강 폰 괴테, 《괴테 자서전: 시와 진실》, 전영애·최민숙 옮김, 민음사, 2009, 939쪽.

8 폰 후텐의 편지는 지식 습득을 강조한다.

9 괴테, 《괴테 자서전: 시와 진실》, 14장(816~817쪽)과 16장을 볼 것. 폰 후텐의 편지는 17장에 나온다.

10 스피노자, 《에티카》, 강영계 옮김, 서광사, 1990, 321쪽.

11 1952년 CBS 라디오 방송 시리즈 〈이것을 나는 믿는다This I Believe〉를 위해 쓴 에세이의 원제목. Thomas Mann, "Life Grows in the Soil of time", *This I Believe: The Personal Philosophies of Remarkable Men and Women*, eds. Jay Allison and Dan Gediman, New York: Holt Paperbacks, 2007.

12 요한 볼프강 폰 괴테, 《파우스트 2》, 정서웅 옮김, 민음사, 1999, 381쪽. 11936~11937.

13 《뉴욕 타임스》, 1938년 2월 22일.

14 번역 불가능하더라도 여하튼 한국어로 '문명문사'라고 번역해보았다.

15 괴테, 《괴테 자서전: 시와 진실》, 692쪽.

16 율법을 뜻하는 토라는 구약의 모세 오경 〈창세기〉, 〈출애굽기〉, 〈레위기〉, 〈민수기〉, 〈신명기〉를 가리킨다. 유대교, 이슬람교, 기독교는 모두 이 경전을 공유한다.

17 Paul Celan, "Edgar Jené and the Dream about the Dream", *Collected Prose*, trans. Rosmarie Waldrop, 2003, New York: Routledge, 6.

18 《샤를 보들레르: 현대의 삶을 그리는 화가》, 정혜용 옮김, 은행나무, 2014, 31쪽.

19 마르셀 프루스트, 《잃어버린 시간을 찾아서 11: 되찾은 시간》, 김창석 옮김, 국일미디어, 1998, 255쪽.

20 〈창세기〉 3장 24절에 따르면, 신은 에덴 동산에서 인간을 내쫓고 케루브 천사들을 배치하여 생명나무의 길을 지키게 했다.

21 "finis operis"는 '작품의 끝' 내지는 '작품의 목적'이라는 뜻이다.

22 Samuel Fisher. 'Sammi'는 애칭이다.

23 "In memoriam S. Fishcer".

24 즉, 토마스 만.

25 《요셉과 그 형제들 6》, 장지연 옮김, 살림, 2001, 889쪽.

26 《요셉과 그 형제들 2》, 장지연 옮김, 살림, 2001, 63쪽.

27 《요셉과 그 형제들 5》, 장지연 옮김, 살림, 2001, 451~452쪽.

28 Thomas Mann, "The Theme of the Joseph Novels", *Thomas Mann's Addresses Delivered at the Library of Congress, 1942-1949*, Wildside Press, 2008, 15.

29 같은 책.

30 토마스 만, 《파우스트 박사 2》, 임홍배·박병덕 옮김, 민음사, 2010, 208쪽.

31 같은 책, 214~215쪽. (구약의 〈애가〉 3: 39-40, 42-43, 45.)

32 같은 책, 216, 239, 458~459쪽

33 같은 책, 465쪽.

34 같은 책, 467.

35 반센트 반 고흐, 《반 고흐, 영혼의 편지》, 신성림 옮김, 예담, 2017, 19쪽.

36 《지루한 이야기》, 석영중 옮김, 창비, 2016, 106쪽.

37 Stephen Spender, *World within World*, London: Hamish Hamilton, 1951, p. 173.

38 플라톤, 《국가》, 330d.

39 같은 책, 331b.

40 같은 책, 352d.

41 같은 책, 359d-360d.

42 같은 책, 368e

43 같은 책, 443a.

44 같은 책, 444b.

45 같은 책, 589d.

46 같은 책, 473c-d.

47 토마스 만, 《마의 산》(하), 홍성광 옮김, 을유문화사, 2008, 6장의

〈신정국가와 꺼림칙한 구원에 관해〉라는 절에 등장하는 대화.

48 《마의 산》(하), 110쪽.

49 같은 책, 112~113쪽.

50 같은 책, 114쪽.

51 같은 책, 116~120쪽.

52 토마스 만,《파우스트 박사 2》, 임홍배·박병덕 옮김, 민음사, 2010, 〈34(계속)〉 절에 나오는 대화.

53 같은 책, 222쪽.

54 같은 책, 223~224쪽.

55 같은 책, 224~225쪽.

56 같은 책, 226~227쪽.

57 같은 책, 229~230, 233쪽.

58 플라톤,《국가》, 473c~d.

59 포는 사망자가 2만 명으로 추정되던 9·11 직후에 이 말을 했다.

60 Susan Sontag, "First Reactions", *New Yorker*, 2001년 9월 24일.

61 John Millar, *Observations Concerning the Distinction of Ranks in Society*, London: Printed for John Murray, 1773, p. xii.

62 요한 볼프강 폰 괴테,《파우스트 1》, 정서웅 옮김, 민음사, 1999, 74쪽. 1223~1238.

63 윌리엄 셰익스피어,《리어 왕》, 최종철 옮김, 민음사, 2005, 144쪽. 4막 6장 170-171.

64 맥락상 미국을 악의 온상으로 보는 이론 같다.

65 알베르 카뮈,《작가수첩 II》, 김화영 옮김, 책세상, 2002, 229~231쪽.

66 발타자르 그라시안,《영어속담과 함께 읽는 세상의 지혜》, 이동진 옮김, 해누리, 2017, 342쪽.

67 같은 책, 119쪽.

68 같은 책, 114쪽.

69 《향연》, 김운찬 옮김, 나남출판, 2010, 4권 19장.

70 1885년 7월 2일 오베르벡Overbeck에게 보낸 편지.

71 1521년 4월 18일 독일 보름스 대성당에서 심문을 받을 때 루터가 했다고 전해지는 말. 니체는 가령《차라투스트라는 이렇게 말했다》 말미의 〈사막의 딸들 틈에서〉라는 제목의 절에 있는 〈사막은 자란다〉라는 시를 이 말을 차용하여 끝맺는다.

72 Ovid, Tristia, III, 4, 25. 니체는 1887년 12월 2일 게오르그 브란데스에게

보낸 편지에서 데카르트의 묘비에 새겨진 오비디우스의 이 구절을
언급한다. "잘 숨은 자가 잘 산 것이다"라는 뜻이다.

73 북유럽 신화에 나오는 명예롭게 전사한 자들만 갈 수 있는 집으로, 일종의
이상향이다.

74 프리드리히 니체, 〈우리 교육기관의 미래에 대하여〉, 《유고(1870년-
1873년)》, 이진우 옮김, 책세상, 2001, 192쪽.

75 같은 글, 195쪽.

76 파스칼, 《팡세》, 이환 옮김, 민음사, 2003, 213쪽.

77 플라톤, 《국가》, 560e.-561a.

78 같은 책, 563d-e.

79 여기서 '너'는 바그너를 가리키는 것 같다.

80 정신분석에서 투사projection란 내면에 있는 받아들일 수 없는 충동이나
생각을 외부 세계로 옮겨놓는 것을 말한다.

81 카를 폭스Carl Fuchs에게 보낸 편지, 1888년 12월 18일.

82 알베르 카뮈, 《작가수첩 II》, 153쪽.

83 쥘리앙 방다, 《지식인의 배반》, 노서경 옮김, 이제이북스, 2013.

84 올리비에 토드, 《카뮈 2》, 김진식 옮김, 책세상, 2000, 1,180쪽.

85 같은 책, 924~925쪽.

86 Hannah Arendt, "The Crisis in Education", *Between Past and Future*, New
York and London: Penguin Books, 2006, p. 171.

87 Stephen Spender, *World Within World*, p. 172.

88 플라톤, 《국가》, 487a.

89 같은 책, 493a-c.

90 연설 전문은 투퀴디데스, 《펠로폰네소스 전쟁사》, 천병희 옮김, 숲, 2011,
167~176쪽을 볼 것.

91 플라톤의 본명. 당시 그리스에서 장자는 할아버지 이름을 땄다. 플라톤의
할아버지 이름은 아리스토클레스였다. '플라톤'은 어깨가 넓다는 뜻을 지닌
별명이다.

92 이하의 소크라테스의 연설은 《소크라테스의 변명》, 29d-30b의 내용이다.

93 〈창세기〉 11장에 따르면, 바벨탑 건설에 대한 응징으로 신은 인간의 언어를
혼잡하게 하여 서로 알아듣지 못하게 했다. 여기서 '야만의 바벨'은 그런
상태를 말하는 것 같다.

94 플라톤, 《소크라테스의 변명》, 29e.

95 플라톤, 《고르기아스》, 491e-492c.

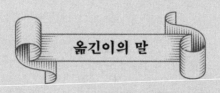

옮긴이의 말

작년 초, 오월의봄 박재영 대표는 책 한 권을 내게 슬며시
―전자메일로―건네면서 번역을 해볼 생각이 없는지 물
었다. 저자 '롭 리멘'은 처음 듣는 이름이었다. 그리고 '정
신의 고귀함'이라는 책 제목은 별다른 느낌을 주지 않았
다. 정신의 고귀함과는 거리가 먼 삶을 살았던 것일까? 뭐
그런 것일 수도 있겠지……

이 작은 책의 번역자가 될 것인지 판단하고 결정하기
위해, 나는 우선 책을 신속하게 대강 읽어보았다. 그리고
이 짧은 첫 만남은 내게 알려주었다. 이 책 안에 유럽 문
화의 빛나는―혹은, 빛을 잃어가는―정수가 담겨 있다는
것을. 나는 번역을 하겠다는 답신을 보냈다.

롭 리멘은 네덜란드 탈뷔르흐대학교에서 신학을 공부했다. 그의 주된 관심사는 인간과 삶, 유럽 인간주의, 예술과 문화의 가치다. 그는 문명의 이상으로서 이 유럽 인간주의의 위태로움 때문에 걱정이 크고, 유럽 문화에 복무하기 위해 친구 요한 폴락과 함께 1991년 잡지《넥서스》를 창간한다. 그리고 1994년에는 한발 더 나아가 넥서스 연구소를 창립한다. 넥서스 연구소는 매년 전 세계의 주요 지식인, 예술가, 정치인 등을 초청하여 강연회를 연다. 이 책의 집필을 독려한 토마스 만의 딸 엘리자베스를 처음 만난 것도 바로 이 연구소 활동 덕분이었다.

가령 이 책의 〈전주곡〉에 실린 아름답고 감동적인 만남의 이야기를 여기서 미리 꺼내 든다면 무심코 이 후기를 먼저 읽는 독자에게 누를 끼치는 일이 될 것이다. 그렇지만 이 책의 또 다른 빛나는 장점을 지적하기 위해 리멘이 재구성한 대화를 언급하는 일은 용서해주었으면 한다. 그 대화 중 하나는 1946년 앙드레 말로의 집에서 실제로 있었던 대화다. 리멘은 카뮈의 기록에 근거해 이 대화를 재구성한다. 그곳에서 우리는 러시아의 강제수용소에 대한 사르트르와 카뮈의 입장 차이를 확인할 수 있다. 사르트르는 러시아의 공산주의 이념을 저버릴 수 없었지만, 카뮈는 문명을 저버릴 수 없었다. 문명을 지탱해주는 인간

주의적 가치들을. "우리는 모두 가치 부재에 대해 책임이
있다고 생각하지 않아?"

이 예리한 갈라짐. 리멘의 재구성 덕분에 이 대화의 현
장을 좀 더 생생하게 들여다볼 수 있는 독자 중에는 사르
트르의 입장에 공감할 사람도 있을 것이고, 카뮈의 입장
에 공감할 사람도 있을 것이다. 그렇지만 근시안적 대립
에 사로잡힐 때 볼 수 없는 것을 보기 위해서는 이렇게 물
어보는 게 좋을 것이다. 여기 걸려 있는 것은 무엇일까?
공산주의에 대한 찬반이 걸려 있는 것일까? 리멘은 카뮈
와 마찬가지로 여기 그것보다 더 근본적인 게 걸려 있다
고 말한다. "우리는 이 대화를 잊을 수 없는데, 왜냐하면
그 대화는 문명의 본질이 무엇인지, 어떻게 문명이 상실
될 수 있는지, 지식인의 책무는 무엇인지, 그리고 그들의
배반이 무엇을 의미하는지를 표현하고 있기 때문이다."

리멘이 되살리려고 하는 유럽의 인간주의적 가치란 무
엇일까? 그것은 잘 알려져 있듯이, 진리, 아름다움, 선함,
자유 같은 것들이다. 언젠가는 죽어야 할 존재인 인간에
게, 결코 헛되이 낭비할 수 없는 귀중한 삶의 시간이 주어
진 인간에게, 그 삶이 의미 있는 것으로서 경작되기 위해
서는 반드시 보존되어야만 하는 가치들. 그렇지만 이 불
멸의 가치들은 시대에 맞게/맞서 보존되어야 한다. 전체

주의의 광풍이 지나간 오늘날, 우리는 도래한 자본주의와 민주주의 사회에서, 혹은 오락산업이 삶을 지배하는 사회에서, 혹은 새로운 파시즘의 위협이 부상하고 있는 가운데서, 그 가치들을 새롭게 옹호할 수 있는 길을 찾아야 한다.

따라서 리멘은 이 책에서 결코 쉽지 않은 과제에 나서고 있다. 그는 오래된 가치, 그가 책의 부제에서 '망각된 이상'이라고 불렀던 것을 되살려야 할 뿐 아니라, 그것에 "새로운 목소리, 인간 심장을 건드릴 목소리를 부여할 수" 있는 방식으로 그렇게 해야 한다.

그가 이 책에서 찾은 방식은 유럽의 문화적 전통 내에서 자신과 유사한 문제에 직면했던 인물들의 고민과 결단과 창조의 사례들을 발굴하는 것이었다. 〈토마스 만의 탐구〉에서 그가 다루는 토마스 만의 생애와 작품이 가장 전형적이다. 이 위대한 소설가는 파시즘에 맞서 정치적 민주주의를 긍정하면서도 정신의 고귀함을 지킬 수 있는 방식으로 자신이 떠맡은 문화적 과제를 수행해야만 했다. 리멘은 이 수행의 구조를 그 구조의 복잡성과 깊이를 놓치지 않으면서 우리에게 놀랍도록 선명하게 보여주며, 오늘날 문화적 과제를 스스로 떠맡을 사람들에게 중요한 교훈과 준거를 제공한다.

그 교훈이란 정신의 고귀함을 위한 과정이 자유와 민주

주의를 품고 가야 한다는 것이다. 그리고 이 책 어딘가에 이 교훈은 이렇게 선명하게 새겨져 있다. "문화는 자유가 없는 곳에 존재할 수 없다. 하지만 문화가 추방된 곳에서 자유는 무의미하다."

이 책은 정신의 고귀함을 지탱하고 대변하는 유럽의 문화를 몇 명의 삶과 몇 개의 대화로 응축하고 있다. 리멘은 유럽의 역사에서 이 귀중한 삶과 대화들을 천재적으로 선택했다. 우리는 이 소책자에서 단번에 유럽 최고 지식인들의 깊은 문화적 고민을 읽어낸다. 그렇기에 이 책은 잘 쓰인 두툼한 서양 철학사나 문학사나 예술사 한 권보다 더 잘 유럽 문명의 문화적 핵심과 분투를 전한다.

번역과 관련해서 일러두기 내용을 좀 더 상세히 밝힌다. 첫째, 리멘은 '각주'를 달지 말라는 친구의 무시할 수 없는 유언을 따라 각주 없이 책을 썼다. 하지만 그 유언을 듣지 못한 나는, 모종의 편법적 자유를 이용하여, 한국의 독자를 위해 역주를 달았다. 둘째, 대화를 번역할 때, 가령 나이 차가 많은 소크라테스와 플라톤의 대화일지라도, 한국어 존댓말을 사용하지 않았다. 이유는 분명하고 간단하다. 알다시피 서양인들은 그런 존댓말을 사용하지 않기 때문이다.

이 책의 번역을 끝내고 출간을 앞둔 지금, 나는 1년 전

박 대표의 제안에 깊은 고마움을 느끼고 있다. 그는 드물고 고귀한 책을 번역할 수 있는 기회를 내게 주었다. 그리고 정신의 고귀함 그 자체는 이제 내게 별다른 느낌을 주지 않는 것으로 머물 수 없게 되었다.

2019년 2월 4일

이성민

정신의 고귀함

초판 1쇄 펴낸날 2019년 2월 25일

지은이	롭 리멘
옮긴이	이성민
펴낸이	박재영
편집	이정신, 임세현
디자인	당나귀점프
제작	제이오

펴낸곳	도서출판 오월의봄
주소	경기 파주시 회동길 363-15 201호
등록	제406-2010-000111호
전화	070-7704-2131
팩스	0505-300-0518

이메일	maybook05@naver.com
트위터	@oohbom
블로그	blog.naver.com/maybook05
페이스북	facebook.com/maybook05

ISBN	979-11-87373-83-4 03100

이 도서의 국립중앙도서관 출판시도서목록(CIP)은 e-CIP홈페이지(http://nl.go.kr/
ecip)와 국가자료공동목록시스템(http://www.nl.go.kr/kolisnet)에서 이용하실 수
있습니다. (CIP 제어번호: CIP2019005361)

• 책값은 뒤표지에 있습니다. 잘못된 책은 바꾸어 드립니다